W0218028

Gerhard Jan Rötting

Als drei Straßenkinder unter der Brücke gefunden wurden

mediaKern

Bibliografische Information der Deutschen Nationalbibliothek
Die Deutsche Nationalbibliothek verzeichnet diese Publikation in der Deutschen Nationalbibliografie; detaillierte bibliografische Daten sind im Internet über http://dnb.d-nb.de abrufbar.

ISBN 978-3-8429-2005-7

Bestell-Nr. 512 2005
© 2011 mediaKern GmbH, Friesenheim-Schuttern
Umschlaggestaltung: Frank Decker
Layout: Ch. Karádi
Herstellung: Drukarnia Dimograf, Bielsko-Biała, Polen
Printed in the EU 2011

www.media-kern.de

Inhalt

Als drei Straßenkinder unter der Brücke gefunden wurden

1

»Enver Hoxha ist tot!«

»Es lebe der Marxismus-Leninismus!«

Marschmusik dröhnt durch die Lautsprecher der albanischen Hauptstadt Tirana, um folgende Neuigkeit der Bevölkerung mitzuteilen:

»Enver Hoxha ist tot!«

»Es lebe der Marxismus-Leninismus!«

Vor Jahren schon haben die Kommunisten diese dröhnenden Schalltrichter an jeder Straßenecke aufgestellt, um die Bevölkerungen laufend »über die großen Errungenschaften der Partei« informieren zu können – eine Beschallung, die zwar die Ohren erreichte, aber nicht die Herzen der Albaner veränderte.

Als der kommunistische Staatschef Enver Hoxha 1985 gestorben und in einer pompösen Pyramide in der Hauptstadt beigesetzt war, klingelte kurze Zeit später bei mir daheim das Telefon. Die neue Staatsführung lädt mich zu Beratungen ein. Franz Josef Strauß, der bayerische Ministerpräsident, war zuvor in Albanien – und hat umfangreiche Hilfe zugesagt. Und Rötting, der Mann der Mission, kann er nicht ebenso helfen, jetzt, wo ein neuer Abschnitt in Albanien beginnen kann? Denn der Kommunismus ist politisch am Ende. Aber wie kann ein Neuanfang aussehen?

Ich nehme die Einladung an. Aber noch während der Fahrt ist mir klar: Die Erwartungen des neuen Staatspräsidenten und seiner neuen Ministerrunde werde ich nur enttäuschen, denn als Mission stehen uns nur im geringen Maße finanzielle Mittel zur Verfügung. Ich bin eben kein bayerischer Ministerpräsident. Ob das verstanden werden wird? Und wir haben ja nicht nur diakonische Aufgaben zu erfüllen, sondern an erster Stelle steht in der Mission die Verkündigung des Reiches Gottes. Werden die Herren Minister in Albanien das überhaupt zur Kenntnis nehmen wollen und in dieser Reihenfolge verstehen?

Albanien – der »erste atheistische Staat der Welt«! Werde ich Christen finden, die nun nach dem Ende des Terrorstaates »ihre Häupter erheben« werden? Ja, es soll noch einige alte Christen geben.

Aber was finde ich vor? Mir kommt es seltsam wunderlich vor: In den ersten Tagen meines Aufenthalts in Tirana finde ich junge Erwachsene, die an Jesus Christus glauben wollen!

In den folgenden Jahren begleite ich diese jungen Leute, die sich von Gott haben finden lassen. Es werden immer mehr. Meistens sind es Studenten an verschiedenen Fakultäten. Wir schulen sie. Das

Neue Testament wird zur Grundlage ihrer biblisch-theologischen Ausbildung. Noch während ihres Studiums fangen sie an, das Evangelium bis in die weit entfernten Bergdörfer zu tragen. Es entstehen christliche Gemeinden in den größeren Städten des Landes. Diese Gemeinden haben keine eigenen Räume, in denen sie sich versammeln können. Sie treffen sich in Parks, in den hohen Bergen, in Gaststätten, die sie stundenweise mieten. Doch die Zahl der Christen wächst stetig. Aber die Evangelische Kirche der Albaner (EKA), die wir 1995 gründen, ist bis auf den heutigen Tag ein Kuriosum, das es in Europa nicht noch einmal gibt: Sie ist eine Kirche ohne Kirchen.

An diesem winterlichen Tag begleite ich zwei albanische Diakone, die sich um Straßenkinder in der Hauptstadt Tirana kümmern und bin von ihrem Einsatz überwältigt: Sie tun was für die Kleinen!

Diese elternlosen Kinder leben auf der Straße, weil der Staat erbärmlich arm und darum unsozial ist. Er kann sich nicht um Waisenkinder kümmern und noch weniger kann er sie versorgen. Aus gefundenen Brettern, aus Pappe und Plastiktüten basteln die Kinder am Rande der albanischen Hauptstadt »Quartiere«. Diese Behausungen bieten nur notdürftigen Schutz vor Regen, Kälte und vor den gefürchteten Männern, die sich oft dieser herrenlosen Kinder bemächtigen und sie dann ins Ausland bringen. Wer weiß, was sie mit ihnen anstellen!

Jetzt bei Schnee und frostiger Kälte ist es für die Straßenkinder in Albanien besonders schlimm.

Sie leiden unter Kälte und Hunger. Morgens in der Frühe verlassen sie auf der Suche nach etwas Essbarem ihre »Quartiere«, und ihre Betteltouren dauern den ganzen Tag, denn es gibt kaum jemanden, der diesen Kindern zu essen gibt. Die meisten Menschen in Albanien sind nämlich selber arm – bettelarm. In kleinen Grüppchen gehen die Kinder von Haus zu Haus, um zu betteln: sei es um eine Brotkruste, kalte Spaghetti oder irgendeinen Speiserest von gestern. Meistens bleiben ihre kleinen Händchen leer.

Nicht an jeder Haustür werden die Kleinen gern gesehen. Viele Familien in Tirana leben selbst an der Armutsgrenze. Nicht selten werden die hungernden Kinder mit Schimpfworten verjagt. Ab und zu gibt es – statt etwas zu essen – eine Ohrfeige und gelegentlich einen Fußtritt. »Ihr seid uns nur lästig!« – »Verschwindet und wagt es nicht, noch einmal zu kommen!« Solche bösen Worte vergessen die Kleinen nicht. Manch sensibles Kind läuft weinend davon, und verliert den Mut, an die nächste Tür zu klopfen. Ihr ständiger »Schmerz« ist nicht, dass sie schmutzige, zerlumpte Kleidungsstücke tragen, sondern dass sie sich so allein gelassen fühlen. Wenn keine liebkosende Mutter sich über sie beugt, wenn kein Vater sie beschützt, wenn niemand da ist, der sie zum Aufwärmen einlädt, dann verkriechen sie sich unter Brücken oder ziehen in die umliegenden Berge, um nach leer stehenden Schuppen zu suchen, wo sie sich hinkauern können – vielleicht gibt es dort Schafe im Stall, an denen sie sich wärmen können. Und wenn ein Schaf im Euter nur ein wenig Milch hat, dann ist es ein Glückstag für die hungrigen Kinder.

Viele Straßenkinder irren in der Kälte umher auf der Suche nach Schutz und Geborgenheit. Kälte tut den Kindern nur bis zu einer bestimmten Körpertemperatur weh, danach empfinden sie nichts mehr. Die Willenskräfte »schlafen« bereits. Irgendwann tritt Starre ein, aus der es kaum ein Erwachen gibt.

Doch wie glücklich sind die Straßenkinder, wenn irgendjemand sie anspricht. Sich nach ihrer Gesundheit erkundigt. Ein Lächeln schenkt oder über den Kopf streichelt. Sie in ihren »Quartieren« aufsucht – so wie es unsere jungen Diakone und Pastoren tun.

Unsere beiden Diakone werden von einer Passantengruppe angehalten: »Wir kennen euch doch! Ihr gehört doch auch zu der Gruppe, die sich Christen nennen?« Ein älterer Mann zeigt auf Arben, den jüngeren der beiden Diakone: »Ja, dich kenne ich! Du sprichst mit den Leuten auf der Straße!« Ein anderer Passant setzt einen Schritt auf Edi zu: »Ich war neulich dabei, als ihr

Christen im Stadtzentrum mit Leuten zusammen gesungen habt. Das hat mir gefallen. Und als Muslim habe ich genau gehört, was einer von euch über den Gott der Christen gesagt hat. Da muss was dran sein!« Ein Mittzwanziger packt Arben an der Schulter: »Ihr kümmert euch auch um die herumirrenden Kinder, nicht wahr?«

Unsere Diakone stellen sich nochmals namentlich vor und geben jedem der Passanten, der stehen geblieben ist, die Hand. Ich, ein Pastor aus Deutschland, tue es ihnen nach, obwohl ich kaum ein albanisches Wort verstehe oder spreche.

»Ja, wir sind Christen – und das mit Freude. Denn es gibt zwei starke Kräfte, die die Zeit und die Welt in viel stärkerem Maß bewegen, als wir es wahrnehmen. Das ist die Liebe Gottes, die in uns wohnt. Und es ist der Dank zu Gott, dass er in uns wohnt!«, sagt Edi.

Inzwischen ist die Gruppe der Passanten immer zahlreicher geworden. Alle wollen wissen, was hier los ist. Einer von ihnen hebt seinen grauen Hut vom Kopf, und zeigt in Richtung der Brücke: »Da sah ich vorhin einen

Haufen Kartons. Wahrscheinlich gibt es dort was für euch zu tun.« Arben, der junge Diakon, meint: »Vielleicht liegen darunter schlafende Straßenkinder. Sie werden mächtig frieren. Also, nichts wie hin!«

Die Passanten klatschen Beifall, als die beiden davoneilen. Edi denkt meistens praktisch. Auch jetzt, als er mit Arben eiligen Schrittes in Richtung Brücke geht: »Da wäre sicher ein warmer Eintopf gut. Oder warme Decken. Mal schauen, wie es diesen Kindern geht! Hätten wir doch noch einige der Weihnachtspäckchen! Die waren so gut! Aber die sind längst ausgeteilt.«

Edi ist ganz schön außer Atem. Aber so ist er: Wenn es um Straßenkinder geht, dann entdecke ich in ihm den »helfenden Engel«. Engel zeigen uns: Der Himmel ist nicht nur über uns, sondern er liegt auch vor uns – als Aufgabe und als Möglichkeit, viel Gutes hier und heute zu wirken.

»Ja, Decken sollten wir zum Austeilen haben. Aber die haben wir auch nicht mehr. Alles ist schon verteilt!«, japst er, nach Atem ringend. Edi ist inzwischen vier Schritte voraus, und ich sehe, wie er seine Wollmütze noch tiefer über die Ohren zieht. Wie dieser harte Winter sich so lange hinzieht! Arben und Edi haben schon zig Kinder vor dem Verhungern gerettet, weil sie ihnen Brot und Würstchen zustecken konnten. Es gibt so viele dieser armen »Würmchen«, die entsetzlich frieren! Am besten wäre es natürlich, heute den Straßenkindern eine warme Eintopf-Mahlzeit für 2,25 € zu besorgen!

Als die beiden Diakone unter der Brücke ankommen, sehen sie das Wellkarton-Häufchen. Sie heben die Kartons an: Da liegen zwei Mädchen – vier bis sieben Jahre alt – und ein etwa fünfjähriger Junge in dünner Kleidung zusammengekrümmt. Sie bewegen sich nicht. Sind sie eingeschlafen?

Ich schaue mir das triste Umfeld an. Ringsum liegen unter der Brücke Verpackungsmaterial und kleine Stoffreste. Auch Dosen. Aber ich sehe sonst keine Kinder, die hier »hausen«. Oder haben sie das Weite gesucht? Vielleicht sind sie auf Betteltour?

Diakon Arben legt behutsam den angehobenen Karton wieder auf die beiden Mädchen. Ich merke, wie Edi ein paar Worte zu dem fünfjährigen Jungen sagt, bevor er ihn wieder zudeckt.

»Das schmerzt, wenn du die Kartons wieder auf die Kinder legst, weil du festgestellt hast: Wir kommen zu spät!« Unsere Diakone schauen mich an und schlucken kräftig. Dann schütteln sie still ihre Köpfe und verkneifen sich das Weinen. Das will verkraftet sein. Wieder einmal haben sich kleine Kinder in ihre Kartons gehüllt. Kartons – die sie zusammengesucht haben, um darunter etwas Schutz gegen die brutale Kälte zu finden. Aber Hunger und Kälte haben gesiegt. Ich sehe, wie Arben und Edi die drei Kinder in diese Wellkartons legen. Mit den beiden Diakonen trage ich die leblosen Gestalten die Böschung hoch, um sie auf den Bürgersteig zu legen.

Die meisten Passanten, mit denen Edi und Arben vorhin sprachen, haben sich eingefunden und stehen wortlos da. Bis einer von ihnen leise und respektvoll sagt: »Ihr jungen Männer, an der Liebe eures Gottes muss doch etwas dran sein. Ich beobachte euch schon länger. Und was sehe ich? Ihr seid so schnell dabei, Gutes zu tun. Engel können kaum schneller sein!«

Kurze Zeit später werden die Kinder von der Stadtreinigung mit einer Karre abgeholt. Wir begleiten die Kartons – mit den Kindern darin. In bitterer Kälte setzen wir sie zu ihrer »letzten Ruhe« bei. Auch das ist Mission – wir sind zwar zu spät gekommen, um Kinderleben zu retten. Aber die meisten Passanten haben heute dazugelernt. Weil unsere Liebe zu Gott optimal groß ist, darum kann unser Helfen niemals kleinlich sein.

Auf dem schnellsten Wege fahre ich nach Deutschland zurück, um Hilfe für die vielen Kleinen zusammenzutragen, die jetzt irgendwo in den Eingängen der hohen Wohnblocks darben, die unter Brücken frieren und eine warme Mahlzeit brauchen. Es müssen ja nicht noch mehr Straßenkinder frieren – oder gar erfrieren.

Warme Decken und Schals wären zu kaufen.

Saubere Unterwäsche und Schuhzeug auch. Kartoffeln und Sellerie, Erbsen und Nudeln fehlen. Auch Wundsalbe steht auf einer Liste. Viele Dinge werden jetzt dringend gebraucht. Um Nöte zu wenden, sollten wir einen Anfang setzen, der von Mut und Verantwortung zeugt, vor allem aber von herzlicher Liebe zu Kindern. Wenn wir auch nur das Schicksal *eines* Straßenkindes in die Hand nehmen, löst das jubelnde Freude im Himmel aus – und wird nicht ohne Segen für uns bleiben.

Als nachts das Feuer kam

2

Wochenlang brütet nun schon die Sonne über Albanien. Seit Monaten ist kein Regen mehr gefallen. Überall in den Bergen lodern heftige Brände. Aber es ist kein Liter Löschwasser vorhanden.

Die Feuerlöschflugzeuge aus der Europäischen Union fliegen über Albanien hinweg – nach Griechenland, wo ebenfalls riesige Waldflächen brennen. Schließlich gehört Griechenland zu Europa – Albanien nicht.

Von den gewaltigen Waldbränden im südlichen Albanien hatten wir bereits ausführlich durch die Zeitungen erfahren. Sie veröffentlichten jene furchtbaren Bilder, die zeigten, wie Menschen vergeblich gegen die Brände ankämpfen. Einige werden vom lodernden Feuer umzingelt. Es gibt kein Entrinnen für sie. Als Eltern und Kinder keinen rettenden Ausweg finden, verbrennen sie bei lebendigem Leibe.

Bei anderen steht in ihren schwarz verrußten Gesichtern pure Verzweiflung. Denn es ist schlimm, wenn man mit aller Kraft sich einsetzt, um zu retten, was zu retten ist – und dann schließlich aufgeben muss, weil die eigenen Kräfte gegenüber dieser Naturkatastrophe versagen.

Die Feuer verwandeln herrliche Wälder in Asche, die noch tagelang qualmend nachglüht. Häuser werden von der Glutwalze in wenigen Minuten überrollt. Was in jahrelanger, mühsamer Arbeit für den Hausstand erworben wurde, das frisst das Feuer in wenigen Minuten auf. Viele Menschen erleiden Brandverletzungen höchsten Grades. Darunter viele Kinder.

Haustiere, die orientierungslos herumrennen, um dem Feuer zu entgehen, geraten auf den Feldern in Brandfallen, aus denen sie nicht herausfinden. In den Ställen der meist armen Bergbauern tötet das Feuer in wenigen Minuten Hühner, Schafe und Kühe. Und manchmal auch die Bauersleute, die ihren Tieren in dieser Gefahr die Flucht ermöglichen wollen – und dann selber Opfer der Feuerbrunst werden.

Abends höre ich im Radio die Nachrichten, die von einem Thema beherrscht werden: Südalbanien geht in einem höllischen Feuer unter. Es werden die Namen jener Dörfer genannt, die in den letzten 24 Stunden niedergebrannt sind. Ich schaue mir auf der Landkarte die betroffenen Orte an. Innerlich spüre ich eine Tatkraft, die nicht ruhig bleiben kann, wenn es um Rettung von Menschenleben geht. In einigen dieser Dörfer hat Mission »Ost-West« evangelisiert. Menschen haben zum lebendigen Glauben an den Herrn Jesus Christus gefunden. In Albanien sagen die Gläubigen: »Wir sind zum Evangelium gekommen!« Oder sie drücken es noch einfacher aus: »Der himmlische Vater hat uns gefunden!«

Was mag mit diesen wertvollen Menschen passiert sein? Blieben sie vom Feuer verschont? Eine Nachricht über sie erhalte ich von niemandem. Ich muss geduldig warten, wäre aber am liebsten gleich in die Brandregion gefahren, um jene Christen zu suchen, die erst in den letzten Jahren zum Glauben gefunden haben. Ihnen helfen und beistehen? Wie gern hätte ich mich zu ihnen aufgemacht! Weil ich sie kenne.

Endlich kommt die folgende Nachricht: Der Kirchenpräsident der Evangelischen Kirche der Albaner (EKA), Pastor Bedri, berichtet davon, wie er weite Strecken zu Fuß über die steilen Berge und durch tiefe Täler gegangen ist – auf der Suche nach Überlebenden.

Er findet den 18-jährigen Afrim Bregaj, der apathisch vor den ausgebrannten Trümmern seines Elternhauses im verkohlten Gras sitzt. Ganz allein. Auch als Pastor Bedri sich nähert, rührt Afrim sich nicht. Keine Begrüßung. Bedri setzt sich still neben den jungen Mann, der nur kurz in die Augen des Seelsorgers schaut, um danach sein Gesicht wieder in den rußgeschwärzten Händen zu vergraben. Bedri hat in seiner Feldflasche noch Wasser, die er Afrim schweigend reicht. Doch wortlos lehnt Afrim ab. Schon mehr als eine halbe Stunde sitzt Bedri neben dem jungen Mann, den er vor Wochen noch als einen fröhlichen und offenen Mensch traf, der stets ein gutes Wort für andere fand und meistens freundlich lächelte. Und nun? Was mochte passiert sein? Pastor Bedri sieht, dass Afrim hin und wieder seinen Kopf schüttelt, den er nach wie vor in seinen Händen verbirgt.

Pastor Bedri horcht in die Stille hinein. Hat er soeben das leise Gezwitscher einer Schwalbe vernommen? Und wo eine Schwalbe ist, da fliegen immer mehrere. Richtig! Mögen es sechs oder acht dieser schnellen, jetzt südwärts ziehenden Vögel sein? Ihr schwarzes Gefieder hebt sich gegen die weißen Wolken deutlich ab. In großer Geschwindigkeit ändern sie ihre Flugbahnen, um nach Insekten zu schnappen. Schwalben sind wahre Flugkünstler, und Bedri schaut ihnen gerne zu, weil ihre Beweglichkeit beeindruckend ist.

Erst jetzt sieht der Pastor die sich schnell auftürmenden Wolkenbänke. Ach, würde doch Afrim jetzt sein Gesicht erheben und sich das großartige Wolkengebilde anschauen! Wolken – sie erinnern ihn an den Liedervers: »Der Wolken, Luft und Winden gibt Wege, Lauf und Bahn, der wird auch Wege finden, da dein Fuß gehen kann.« Diese Zusage trifft auch auf Afrim zu, durch dessen Körper hin und wieder ein Zittern geht. Sind es die Nerven? Ist es die aufziehende Abendkühle? Ist es die Abscheu vor dem Erlebten in der Brandnacht?

Plötzlich atmet Afrim tief durch und beginnt in kurzen Sätzen zu sprechen: »Ich konnte in der Nacht nicht schlafen. Wegen der schrecklichen Brände, die sich näherten. Ich roch den Qualm. Mich quälte auch die furchtbare Hitze, die von draußen kam. Im ganzen Haus – keine kühle Ecke. Natürlich gehen mir die Schreckensmeldungen durch den Kopf, von denen unsere Nachbarn zu erzählen wissen. Die unerträgliche Hitze hält mich und meine jüngeren Geschwister wach. Der Wind, der mächtig weht, bringt keine Abkühlung. Im Gegenteil, er macht die Luft noch heißer.

Unsere querschnittsgelähmte Mutter – nebenan im Zimmer – quält sich auf ihrem Bett. Ich bringe ihr alle halbe Stunde etwas von dem Wasser, das ich täglich in Kanistern von weither aus dem Tal hochtrage, damit die Familie nicht verdurstet.

Unser Brunnen vor dem Haus ist seit Wochen bereits völlig ausgetrocknet, weil es hier oben im Bergland seit drei Monaten nicht mehr geregnet hat. Schon das ist eine Katastrophe. Die Kornernte ist auf den Feldern vertrocknet. Die Kartoffelstauden sind erst gar nicht zur Blüte gekommen und liegen seit Ende Mai verwelkt im Garten. Alle Maispflanzen sind abgestorben. Das ist es, was mich in dieser Nacht umtreibt: Wir werden im Winter nichts zu essen haben. Den Haustieren können wir kein Futter geben. Was wird werden?

Lange nach Mitternacht wache ich wie aus einer tiefen Ohnmacht auf. Meine drei jüngeren Geschwister stehen nur leicht bekleidet am offenen Fenster meines Schlafzimmers. Der ganze Raum ist von einem orangenfarbenen, ungewohnten Licht erhellt.

Was meine Geschwister sehen? Da wälzt sich eine Feuersglut in rasender Geschwindigkeit auf unser Haus zu. Und das in breiter Front – mit haushohen Flammen. Ganz nah! Sie hüllen in diesem Augenblick unseren Schafstall in ihre Glut ein. Nun brüllen die Kinder gegen ihre Angst an: Feuer! Feuer! Feu…! Alles ereignet sich in Sekunden. Ich muss schnell handeln: Zuerst meine Geschwister! Bring sie in Sicherheit – hinterm Haus. In den Garten. Da kann nichts brennen. Ich reiße sie mit mir.

›Mutti, ich trage dich auch gleich in den Garten. Gleich!‹

›Ja, rette die Kinder!‹, schreit sie.

Draußen – eine unvorstellbare Hitze. Die Flammen haben das Haus erreicht. Sie fressen sich zuerst prasselnd an den Dachstuhl heran, der bald lichterloh brennt. Der Rauch lässt uns beim Rennen in den hintersten Gartenteil die Augen zukneifen. Sie tränen gewaltig.

›Kinder, bleibt hier! Lauft nicht weg! Hier seid ihr sicher. Ich hole Mutti!‹

Ich renne dem brennenden Haus entgegen. Die lodernden Flammen blenden mich. Ringsum nur höllisches Feuer. Als ich beim vorderen Hauseingang ankomme, fällt mir die brennende Tür entgegen und tausend Feuerfunken wirbeln auf. Sie drücken sich in die Haut. Aus den offenen Fenstern qualmen schwere Rauchschwaden. Ich muss aber ins Haus, um Mutti zu retten. Nimm die hintere Haustür, durchzuckt mich der rettende Gedanke. Doch auch hier stehe ich vor einer Feuerwand. Ich will – ich muss es wagen, um die gelähmte Mutti aus dem höllischen Feuer herauszutragen. Mit oder ohne Bett. Allein kann sie sich nicht bewegen. Nach ihrem Sturz auf eine Felsplatte – der Schafbock hatte sie unerwartet angegriffen – blieb sie gelähmt. Ich fand sie damals und trug sie ins Haus. Seitdem hat sie ihr Bett nie wieder verlassen können. Ich versorgte sie – nun schon seit zwei Jahren.

Ich muss es wagen, nach drinnen zu kommen. Die Glut schleudert Dachteile in die heiße Dunkelheit hoch. Und ich schreie in das Feuer hinein: ›Muuuttiii! Muuuttiii!‹

Mein dünnes Unterhemd qualmt. Ich halte die Hände vors Gesicht – die Haut am ganzen Oberkörper schmerzt, weil sich ständig Feuerfunken hineinbrennen. Ich schüttele meinen Kopf – weil für kurze Augenblicke ein größeres Glutteilchen auf mein Haar gesprungen ist.

›Die Geschwister …!‹, durchfährt es mich, denn einen Moment meine ich Muttis Stimme zu hören: ›Afrim, rette die Kinder – rette sie!‹

Nun renne ich zu ihnen. Sie hocken am Ende des Gartens, sehen meine Gestalt, die sich dunkel vor der Glut abhebt. Sie springen auf. Aber ihre Begrüßung fällt harsch aus. Bitteres Fragen, das ich nie wieder vergessen werde:

›Afrim, wo hast du Mutti gelassen?‹

›Afrim, wo? Wo ist sie?‹

Ich senke den Kopf ... und zeige auf unser brennendes Haus: ›Dort!‹

Ich lebe seitdem mit schweren Schuldgefühlen: Warum schlief ich, als meine kleineren Geschwister bereits am Fenster das verheerende Feuer rasend schnell auf uns zukommen sahen? Wäre ich nur ein paar Minuten früher aufwacht, dann ...!«

Afrim fährt schluchzend fort: »... dann wäre unsere Mutti ... nicht im eigenen Haus verbrannt. Ich hätte ... noch Kleider und Schuhe ... in Sicherheit bringen können.«

Die letzten Worte bringt Afrim nur gequält heraus. Dann schluchzt der Bursche seine Not laut zur Hausruine heraus:

»Wir haben mit Mutti alles verloren. Alles. Deswegen kann ich mich nicht mehr von diesem Brandhaufen entfernen. Ich weiß: Durch meine Schuld sind wir vier Geschwister nun ohne jegliche Hoffnung. Mutti! Du fehlst uns.«

Vor sechs Jahren verstarb plötzlich der Vater. Das war für Afrim ein großer Verlust. Als das älteste Kind übernahm er die Verantwortung. Nun war er der Ernährer und Versorger der Familie.

»Meine drei kleinen Geschwister vermisse ich, aber ich musste sie von hier wegbringen. Unsere Verwandten, die im Tal wohnen und selbst arm sind, blieben vom Feuer verschont. Sie haben uns einen Raum gegeben, wo meine Geschwister übernachten können. Es ist ein kalter Raum und die drei schlafen auf dem Boden, aber … sie haben zunächst ein Dach über dem Kopf, auch wenn sie Hunger leiden. Doch das ist alles, was ich meinen Geschwistern jetzt geben kann.«

Noch immer sitzen Afrim und Pastor Bedri vor dem niedergebrannten Haus. Die Außenmauern stehen zwar, aber sie sind ausgeglüht und damit für den Wiederaufbau wahrscheinlich unbrauchbar geworden.

»Afrim, hast du euer Haus schon betreten?«

»Nein! Das kann ich nicht. Es ist nichts Brauchbares mehr drin. Außerdem bringe ich es deshalb nicht fertig, weil ich als Erstes ins

Schlafzimmer meiner Mutti gehen will. Dorthin, wo ich sie habe verbrennen lassen. Irgendwann später – vielleicht – gehe ich. Irgendwann, verstehst du?«

»Afrim, rücke etwas näher zu mir. Denn ich will dir jetzt über dein neues Leben mit Jesus erzählen.« Pastor Bedri erzählt vom Heiland der Welt, der uns rettete.

Afrim begreift mehr und mehr: Jesus erteilt Vergebung. Auch ihm. Endgültig. Da es den himmlischen Vater nie und nimmer gereut, was er an göttlicher Liebe in uns Menschen investiert hat, so ist ab jetzt ein neuer Lebensabschnitt möglich.

»Ja!«, sagt Afrim kurz. »Diese Vergebung durch den Herrn Jesus nehme ich an. Und den neuen Lebensabschnitt bejahe ich auch!«

Pastor Bedri hat sich neben Afrim gestellt, ihm – in Jesu Namen – die Vergebung zugesprochen und ihn zu seinem neuen Lebensabschnitt gesegnet.

Ganz tief atmet Afrim etliche Male durch und schaut Pastor Bedri dankbar an, der ihm die Hände auf seine Schultern legt: »Dieser vergangene, dunkle Lebensabschnitt wird dir nie mehr zur endlosen Nacht. Denn du hast dich von Gottes ganz großer Liebe umhüllen lassen. Das zählt!«

Afrim ist aufgestanden und reicht Pastor Bedri die Hand:

»Ich verstehe Gottes Handeln an mir nicht, aber ich verstehe, er hat mir vergeben, weil er mich ohne Aufhören liebt …«

Afrim bringt es nur stotternd heraus: »Und ich verstehe nun, dass ich Gott immer lieben kann.«

In den nun folgenden Wochen schickt Mission »Ost-West« zunächst einmal Geld, womit Pastor Bedri für Afrim, seine kleine Schwester und für die beiden Brüder Kleidung kaufen kann. Auch Matratzen, Bettwäsche, warme Decken, stabile Schuhe und Strümpfe werden angeschafft.

Noch immer leben die vier bei den armen Verwandten im Tal. Wir bringen für Afrims Brandwunden eine gute Heilsalbe mit. Er ist wieder fröhlich und zuversichtlich.

Als die Regenperiode einsetzt und das trockene Land sich mit Wasser vollsaugt, da spricht Afrim mit Pastor Bedri, ob jetzt die Zeit gekommen ist, seine Äcker zu pflügen. Unser Geld reicht, um die ersten Hühner anzuschaffen. Und wenn das Gras wieder zu sprießen anfängt, möchte Afrim die ersten drei Schafe anschaffen. Und er möchte Saatgut kaufen.

Wir fördern Afrims Arbeit finanziell, weil er tut, was uns in der Mission wichtig ist und uns freut: Wir spenden Hilfen zur Selbsthilfe.

Wenn Pastor Bedri die Freunde im Tal zum Gottesdienst einlädt, ist Afrim immer dabei. Er sucht die brüderliche Gemeinschaft, die ihn im Glauben und im Hoffen stärkt. Er ist ein dankbarer junger Christ geworden, der sich taufen lassen will. Neulich sagte er zu Pastor Bedri: »Ich will ständig Gott dankbar sein, denn dann bin ich dem Herzen Gottes ganz nahe.«

Ja, so ist es: Wer Gott dankt, der hat eine Zukunft.

»Werfen Sie einen Rettungsring ins Auditorium!«

3

Die Universität in Kiew hat mich gebeten, zur Diplomverleihung und zum Semesterabschluss ein geistliches Wort zu sprechen. Habe ich zu schnell zugesagt? Denn was kann ich den Studienabgängern sagen? Was für Erwartungen haben Professoren und Studenten an das Wort, das ich den Absolventen auf ihrem Lebensweg mitgeben soll?

Als ich die Uni betrete, ist mir immer noch nichts eingefallen, was der Rede »wert« ist. Im Auditorium sprudelt munter und sehr laut ukrainische Folkloremusik. Wird momentan nur die Lautsprecheranlage überprüft oder soll der Lärm in dieser Stärke auch während der Feierlichkeiten weitergehen? Ich möchte mir die Ohren zuhalten.

In der ersten Reihe finde ich die reservierten Stühle für die Professoren, den Rektor und den Studentendekan – und auch meinen Platz. Ein Blick auf die Uhr: Noch zehn Minuten sind es bis zum Beginn. Wie halte ich bis dahin den Lärm aus? Die Reihen füllen sich. Und noch immer quält mich die Frage: Was soll ich den

Zuhörern gleich sagen? Im Stillen frage ich meinen Herrn Jesus: »Was brauchen diese Menschen an Zuspruch?« Ich schaue für einige Augenblicke nach hinten in die Studentenreihen und sehe auf den Gesichtern der jungen Leute kein Lachen, keine Freude. Nur angespannte Mienen.

Einige Studenten werden sich nachher wohl an der Programmgestaltung betätigen, denn sie rennen in ihren schwarzen Talaren, die sie zur Abschlussfeier tragen, hin und her, kreuz und quer durch die riesige Halle, die sich mehr und mehr füllt. Auch einige Professoren sind eingetroffen und begrüßen mich auffallend herzlich; keiner von ihnen sucht das Gespräch. Es herrscht absolute Nervosität im Auditorium maximum. Jemand hat die ohnehin laute Musik noch ein bisschen lauter gedreht: Mein Stuhl fängt an, zu vibrieren – wie wahrscheinlich alle Stühle im Saal. Was wollen die Veranstalter mit dem lauten Musiklärm überdecken? Meine wenigen Gedanken, die ich mir zur Rede zurechtgelegt habe, werden durch neue Gedanken verdrängt. Meine bisherigen Inspirationen sind »im Eimer« – einfach ausgelöscht.

Da setzt sich eine ältere Dame neben mich: »Sie sind gewiss Herr Rötting?« Ich nicke und reiche ihr die Hand. »Und Sie?«

Ein Paar fröhlich blitzende braune Augen schauen mich durch eine randlose Brille an. Es huscht ein Lächeln über ihr faltenreiches Gesicht mit hunderten von Sommersprossen. Ihr Mund kommt meinem linken Ohr ziemlich nahe und dann schreit sie hinein: »Olga Kulikow – mein Name. Ich soll Ihre Rede übersetzen!« In ihrem Gesicht lässt sich unschwer erkennen, dass sie das ohrenbetäubende Musikgedröhne auch stört. Mit fragendem Blick ziehe ich meine Schultern hoch und deute mit beiden Händen an, ob nicht jemand Abhilfe schaffen kann. Die ältere Dame weiß wohl auch keinen Rat, denn sie zieht ebenfalls die Schultern hoch, schüttelt den Kopf und verdreht ihre braunen Augen vielsagend. Sie neigt sich nochmals zu mir und schreit in mein Ohr: »Ich weiß nicht, was Sie für eine Ansprache halten werden.« Sie holt einige Male tief Luft: »Bitte, sagen Sie den Professoren …!« Wieder muss sie tief einatmen: »… sagen Sie den Studenten und vor allem den Absolventen ein gutes Wort!«

Der Studentendekan ist ans Mikrofon getreten. Das ohrenbetäubende Musikdröhnen hört spontan auf. Es kommt mir vor, als sei im Saal urplötzlich Grabesstille eingetreten. Meine Stuhlnachbarin kommt wieder mit ihrem Mund in die Nähe meines Ohres. Da es im Auditorium maximum von einem Augenblick auf den anderen still geworden ist, flüstert sie mir zu: »Sagen Sie ein gutes Wort aus der Heiligen Schrift. Sagen Sie ein Wort, das sie nie wieder vergessen werden!«

Noch bevor der Studentendekan seine Ansprache beginnt, schaue ich meine Übersetzerin guten Mutes an. Hat sie gewusst, dass ich hier sitze – und alle meine Gedanken wegen der lauten Folkloremusik verflogen sind? Oder hat sie die traurige Gewissheit, dass es der jungen Generation im Leben an geistlicher »Sicht« fehlt, von der auch Professoren oft nur wenig zu vermitteln wissen? Sie rückt etwas näher, um mir zuzuflüstern: »Werfen Sie mit Ihren Worten einen Rettungsring ins Auditorium, bitte! Verstehen Sie mich? Einen Rettungsring!«

Die Veranstaltung ist in vollem Gange. Nach dem Studentendekan hat der Rektor das Wort ergriffen. Danach werden die Absolventen aufs Podium gerufen, um ihr Diplom aus der Hand des Rektors in Empfang zu nehmen. Jeder von ihnen erntet dabei großartigen Applaus aus dem vollbesetzten Auditorium. Die Absolventen freuen sich. Sind es fünfzig oder sechzig Absolventen? Ich zähle sie nicht, denn ich bin jetzt ganz damit beschäftigt, meine Ansprache für sie und für die große Studentenschar zurechtzulegen. Als alle ihre Diplome ausgehändigt bekommen und sich aufs Podium im Halbkreis hingesetzt haben, werde ich vom Rektor begrüßt und aufgefordert, meine Rede zu halten.

Auf dem Weg zum Rednerpult ist mir klar: Es wird keine akademische Ansprache, sondern eine geistliche. Ich »male« den Studenten und Professoren die fatale Lage des Jairus vor Augen. Jairus war ein kluger Mann, der für die sozialen und religiösen Bereiche in seiner Stadt verantwortlich war. Schon sein Name ist bedeutungsvoll. Aus dem Hebräischen übersetzt heißt er »O Gott, wache auf!« Dieser Mensch steckt in einer kolossalen Krise. Er braucht Rettung – für sein Töchterchen, das erkrankte und dem Tode nahe ist. »O Gott, wache auf!«

Als ich am Mikrofon stehe, kommt mir nur ein schwacher Applaus aus der Studentenschaft entgegen. Kein Wunder, denn kaum jemand kennt mich – außer dem Rektor, dem Studentendekan und den Studenten, die meine Vorlesungen bisher besuchten.

Und Jesus Christus kennt mich. Er ist »da«. Ich spüre: Er füllt meinen Mund! Er redet! »Fürchte dich nicht! Glaube nur! So wirst du gerettet werden!«

Satz um Satz ist voll Ermutigung. Voll Zuversicht. Voll Güte … und voll seiner gegenwärtigen Liebe … zu uns allen.

Die ukrainische Übersetzerin schließt ihre Worte nahtlos meinen Sätzen an. Wir sind eins – in der Verkündigung. Wohl noch nie zuvor ist in diesem großen staatlichen Universitätssaal über Jesus Christus gepredigt worden. Es liegt eine Stille über dem Auditorium. An den Augen der Zuhörer merke ich: Die Jesus-Botschaft kommt an! Der Rettungsring – in die Menge geworfen – wird von manchen ergriffen. Ich rede vom Retter dieser Weltzeit. Von seinen unvergänglichen Worten – damals und heute. Von der Kraft, die jeder im Leben braucht und die doch in Fülle vorhanden ist – bei Jesus. Von der Herzenserneuerung und der Charakterformung durch seinen guten, heiligen Geist. »Du spürst es jetzt, wie seine Liebe ausströmt – zu dir! Er ist gekommen, um dich glücklich zu machen – für immer. Höre auf ihn – höre auf Jesus.«

Es ist, als ob der gegenwärtige und auferstandene Herr Jesus von einem Studenten zum anderen geht – und wirkt.

Eine »heilige Stille« erfüllt das Auditorium.

Die Übersetzerin und ich sitzen schon eine Weile auf unseren Stühlen. Erst als der Rektor aufsteht und klatscht, stehen die Zuhörer auf – und ein gewaltiger Applaus setzt ein, den ich überhaupt nicht erwartet habe. Darum bedanke ich mich umgehend bei unserem Herrn Jesus, stehe auf und wende mich den immer noch applaudierenden Studenten zu, um schließlich der Übersetzerin die

Hand zu reichen. Sie hat eine Glanzleistung mit ihrem Übersetzen vollbracht. Sie lächelt mir zu: »So habe ich's mir erhofft und von Gott erbeten. Danke, Professor Rötting!«

Jetzt kommen Studenten nach vorn, um mir die Hand zu drücken. Dann steht einer der Absolventen im Talar vor mir: »Ich hänge am Rettungsring. Andere auch. Helfen Sie uns! Helfen Sie mir, bitte!«

Die nachfolgenden Gespräche im Nebenraum dauern noch zwei Stunden. Eigentlich werde ich schon wieder in der Gemeinde erwartet, wo ein Gottesdienst stattfindet. »Nur keine Ungeduld zeigen!«, sage ich mir. Denn wer die Geduld verliert, verliert die Kraft!

So nehme ich mir die Zeit, um die Anliegen der elf Absolventen anzuhören. Sie sind geblieben, um mehr von der Rettung, von dem Weltretter, zu erfahren. Ich meine aus ihren Gesprächen zu hören: Sie haben ihn ergriffen und von Herzen akzeptiert und angenommen. Mit jedem von ihnen bete ich.

»Heute habe ich meinen Studienabschluss an der Uni bekommen und halte hier mein Diplom in der Hand. Aber heute habe ich gleichzeitig einen neuen Lebensanfang angeboten bekommen, den ich ernster nehme als mein ganzes Studium«, sagt mir einer der Absolventen, als er mir lange und kräftig die Hand drückt. Ihm und den anderen, die um mich herumstehen, sage ich: »Ihr alle – seid gesegnet … in Jesu Namen!«

Als sich unter meine Hände eine heilende Hand schob

4

Ostfriesland war bis ins letzte Jahrhundert weitgehend vom Handel und vor allem von der Landwirtschaft geprägt. Das waldarme Geestland liegt weniger als 20 Meter ü. d. M. An der Nordseeküste wurde durch Eindeichungen ein über zehn Kilometer breiter, sehr fruchtbarer Marschengürtel der Nordsee abgerungen. Milchviehhaltung, Anbau von Weizen und Hülsenfrüchten haben Ostfriesland europaweit bekannt gemacht.

Die Ostfriesen sind vom ständigen Kommen und Gehen von Ebbe und Flut ebenso geprägt wie von den hohen Wolkenbergen, die sich über Land und Meer auftürmen. Aber auch von dem beständigen Wind und den urkräftigen Stürmen, die über das flache Land Ostfriesland hinwegbrausen. Das macht standfest.

Die Kirchenleitung schickte mich zum pastoralen Dienst nach Ostfriesland, weil sie meinte, ich würde gut zu Land und Leuten passen.

Bald lernte ich die Freundlichkeit und Herzensgüte der Ostfriesen kennen, die mich Niederländer alsbald »brutto« – mit meinen Ecken und Kanten – als ihresgleichen annahmen.

Als es an der Haustür klingelt, ahne ich nicht, wie dieser sonnige Tag mein Leben verändern wird. Nicht nur mein »Horizont« wird sich mit diesem Tag ändern, sondern auch das Leben einiger Ostfriesen.

Als ich die Tür öffne, stößt ein heftiger Wind die schwere Eichentür auf. Vor der Tür steht Jan Janssen, einer der verantwortlichen Brüder unserer ostfriesischen Gemeinde. Ein weiterer Windstoß drückt ihn geradezu in den Flur. Er nimmt die Seemannsmütze vom Kopf und fragt:

»Pastor, haben Sie Zeit?« Ich bejahe und will ihn ins Wohnzimmer einladen, aber er schüttelt den Kopf und legt die Hand auf die Haustürklinke.

»Dann kommen Sie bitte mit mir.« Er zeigt auf die Autoschlüssel in seiner Hand.

Gut, dann binde ich den Schal um, schlüpfe in die warme Jacke, die mir bei windig-stürmischen Tagen stets gute Dienste leistet und setze die Mütze auf.

Jan Janssen fährt einen kleinen VW, obwohl er sich als erfolgreicher Geschäftsmann ohne Weiteres eine stattliche Limousine leisten könnte. Ohne mir zu sagen, wohin er fährt, verlassen wir unser Dorf. Jan Janssen ist im Dorf als ein erfolgreicher und schweigsamer Geschäftsmann bekannt. Er weiß immer, was er vorhat, was er tut. Über seine Pläne redet er nicht viel. Er ist ein Mann der Tat. So habe ich ihn kennengelernt. Wohin will er mich bringen? Jedes Mal, wenn wir wieder eine Ortschaft hinter uns lassen, schaue ich ihn fragend von der Seite an. Aber Jan Janssen schweigt beharrlich.

Die ostfriesischen Dörfer sind meist langgestreckte Ortschaften, deren Mittelpunkt weniger die Rathäuser sind als vielmehr die jahrhundertealten Kirchen. Sie wurden meistens auf Sandhügel, den Halligen, gebaut. Dorthin konnten die Dorfleute flüchten, wenn Stürme das Hochwasser über die Deiche drückten, das tagelang Gärten und die tief liegenden Ländereien – und manchmal auch die Häuser – überflutete. Solche Kirchen gleichen Schutz- und Trutzburgen – was sie auch ohne die schrecklichen Hochwassergefahren sind. Kirchen sind ein Ort der Geborgenheit, wo man sich dem ewigen Gott nahe fühlt.

Im Laufe der Jahrhunderte wurden die Deiche durch die mutigen Ostfriesen immer weiter ins Wasser hineingebaut, um großflächig fruchtbares Land zu gewinnen. Die neu gewonnenen Landflächen liegen ein oder zwei Meter unter dem Meeresspiegel. Waren die neuen Deiche fertiggestellt, wurde das Wasser mit Windmühlen aus den Poldern zurück ins Meer gepumpt. Die Deiche mussten jedem Sturm, jedem Orkan standhalten, denn brach ein Deich, wurde das tiefliegende Land mit salzigem Meereswasser wieder überspült, und die jahrzehntelange Arbeit war umsonst gewesen. Auf den alten Deichen aber wurden befestigte Straßen gebaut, auf denen ich gerne mit dem Fahrrad oder dem kleinen Motorrad fahre. Manchmal ist der Wind, der über die Nordsee ins weite Ostfriesenland hereinbläst, so gewaltig, dass ich Mühe habe, auf meinem Zweirad sitzen zu bleiben.

Wir fahren nun schon durch die vierte Ortschaft und schätzungsweise haben wir bereits dreißig Kilometer zurückgelegt. Jan Janssen biegt plötzlich in einen Feldweg ein. Am Ende liegt ein Bauernhof; von Weitem sehe ich einen jungen Bauern. Jetzt sind die Milchkühe zu hören, die in den zwei großen Scheunen darauf warten, gemolken zu werden. Zu dem Bauernhof gehören ebenso die hohen Scheunen, in denen Heu und Stroh lagern. Kaufmann Janssen hält das Auto vor dem Wohnhaus. Der Bauer kommt uns näher und begrüßt zuerst Jan Janssen, dann mich: »Pastor, ich kenne Sie. Sie haben beim letzten Landesposaunenfest gepredigt. Stimmt's?« Er reicht uns seine harte, schwielige Hand: »Pastor, haben Sie sich verfahren? Oder kommen Sie extra zu uns? Wieso?«

Soll ich ihm sagen, dass ich es nicht weiß? Noch einmal blicke ich Jan Janssen von der Seite an. Aber auch jetzt sagt er nichts. Der Bauer schaut mich fragend an:

»Pastor, seid ihr gekommen, um mit uns nach Jakobus 5 zu handeln?«

Ich mache große Augen, denn eine solche Frage habe ich nicht erwartet. Jakobus 5? Was soll das? Wird es hier gleich eine Diskussion über diesen Text aus dem Neuen Testament geben, in dem es um die »Handauflegung auf Kranke« geht? Oder werden wir uns im kleinen Kreis darüber unterhalten, warum wir Pastoren heutzutage nur sehr selten oder gar nicht mehr die Handauflegung praktizieren, die bei den ersten Christen gang und gäbe war?

Jan Janssen schaut mich schweigend, aber vielsagend an. Etwa so: Na, Pastor, weißt du, worum es hier geht? Aber was soll ich ihm antworten?

Natürlich weiß ich, was mit Jakobus 5 gemeint ist. Aber Erfahrung mit Handauflegung habe ich nicht. Während meiner theologischen Ausbildung habe ich nie eine Vorlesung über Jakobus 5 gehört. Ist das eine plausible Entschuldigung? Ich versuche, nicht ratlos dreinzuschauen, aber ich frage mich im Stillen: Was wollen der Kaufmann Jan Janssen und ich eigentlich hier? Er deutet mir mit einer Kopfbewegung an: Wir steigen aus und gehen ins Haus!

An der Tür hängt das Namensschild: Eildert und Gertrud Snakenborg.

Der Bauer führt uns in die große Bauernküche. Dort liegt auf einem Sofa seine kranke Frau, die uns zwar begrüßt, aber uns die Hand nicht gibt. Auf ihrem Gesicht erkenne ich tief eingegrabene Spuren von Schmerzen. Die Bäuerin kann sich fast nicht bewegen; ihre Stimme ist arg leise. Der Bauer erzählt uns: »Meine Frau hat bereits vier Operationen an der Wirbelsäule hinter sich. Aber die Professoren der Universitätsklinik in Oldenburg haben meiner Frau mehr geschadet als geholfen.«

Liebevoll streicht der Bauer die frühzeitig ergrauten Haare seiner Frau nach hinten, die ihr ins Gesicht gerutscht sind. »Seit zwei Jahren hebe ich sie morgens aus dem Bett und trage sie in die Küche – hier aufs Sofa. So kann sie am Leben im Haus noch teilnehmen. Abends lege ich sie dann wieder zurück ins Schlafzimmer. Sie ist nach der letzten Operation völlig gelähmt. Meine Schwägerin versorgt seitdem den Haushalt.«

Die große Bauernküche ist aufgeräumt und durch die offenen Fenster strömt typischer Stallgeruch herein. Lästig sind mir nur die vielen Fliegen, die um meinen Kopf schwirren – als wollten sie mich ablenken vom Eigentlichen, das ich vor mir sehe: eine junge Frau, die gequält von starken Schmerzen in einem trostlosen Zustand daliegt, umsorgt von ihrem traurigen Mann, der mich mit Tränen in den Augen Hilfe suchend anschaut. »Die Schmerzen sind so arg, dass meine Frau keinen Sinn mehr in ihrem Leben sieht.«

Der Bauer hält im Reden inne und verjagt die lästigen Fliegen. Dann presst er den kurzen Satz heraus: »Ich sehe für mich auch keinen Sinn mehr.«

Jan Janssen schaut sich das handgestickte Bild an der Küchenwand an und redet halblaut vor sich hin: »Unsere Eltern wussten es bereits: Wenn die Fliegen uns beißen, dann ändert sich das Wetter drastisch.« Hatte ich vorhin nicht von Weitem ein Donnern vernommen? Wenn sich über dem flachen ostfriesischen Land ein Gewitter zusammenbraut, dann ist es bereits weit in der Ferne zu hören; empfindliche Personen spüren lange im Voraus das Unwetter kommen. Bis es zu ihnen vordringt, erleben sie – stärker als die Belästigung durch Fliegen – ein inneres Bedrückt-sein, das ihnen nicht selten auch körperlich qualvolle Stunden bereitet. Sind Jan Janssen und ich in eine solche »schwierige Lage« geraten, die hier in der Bauernküche zum Greifen nahe ist? Ein leises Wimmern ist auf den Lippen der Bäuerin, die ihre Schmerzen nicht mehr zu unterdrücken weiß.

»Kein Arzt kann ihr mehr helfen. Nächste Woche soll Gertrud wieder in die Universitätsklinik. Aber das hat doch alles keinen Sinn«, erklärt mir der Bauer, während er laufend die Fliegen aus dem Gesicht und von den Händen seiner Frau verjagt, die ihren Mann liebevoll anschaut – so, als wolle sie ihn ermutigen, weiterzuerzählen.

»Wissen Sie, Pastor, was wir heute Nacht beschlossen haben?« Er schaut mich durchdringend an. Bauer Eildert streicht mit den Händen die Falten seiner Manchesterhose glatt: Es sind Hände, die von harter Bauernarbeit gezeichnet sind. Ganz tief und deutlich hörbar atmet er ein und spricht in ostfriesischem Dialekt: »Wir haben uns gesagt: Wenn keine Besserung eintritt, wenn heute keine Hilfe kommt, dann setzen wir in der kommenden Nacht unserem Leben ein Ende. Wir wollen lieber sterben als unter diesen Umständen weiterleben.«

Wieder schaut der Bauer mich an. Mein Augenmerk richtet sich auf die schweigende Bäuerin, die mit geschlossenen Augen bedächtig mit dem Kopfe nickt.

Diese beiden Christen wollen Selbstmord begehen? Was sage ich in dieser Situation? Ich bete still, ohne die Bäuerin aus den Augen zu verlieren. In mir regt sich dabei ein innerer Widerstand. Das darf nicht sein! Nur das nicht! Und dann weiß ich: Hier ist kein Reden mehr gefragt, keine frommen Worte! Hier muss gehandelt werden. Ich blicke zu Jan Janssen herüber. Er redet nichts, aber er zwinkert mir zu, als wolle er sagen: »Pastor, tue jetzt was!«

Aber was soll ich jetzt machen? Was? Einfach die Hände auflegen?

Wäre doch jetzt mein Seelsorger in der Nähe, den ich fragen könnte. Er hat sicher Erfahrung mit Jakobus 5. Aber dieser Pastor, mit dem ich brüderlich verbunden bin, wohnt mehr als 500 Kilometer von hier entfernt – in der Fränkischen Schweiz. Es bleibt mir nichts anderes übrig, als wieder still um Weisung zu beten und dabei innerlich zu hören. »Bevor du Hände auflegst, stelle den Eheleuten die Frage, ob sie sich gegenseitig alle Schuld bekannt und vergeben haben.«

Vorsichtig rücke ich den Küchenstuhl etwas näher ans Krankenlager, was die Bäuerin bemerkt und wohl deswegen ihre Augen öffnet.

»Eure Lage verstehe ich sehr gut und sehe, wie unerträglich deine Schmerzen sind, Gertrud. Aber wie steht es mit euren seelischen Gebrechen? Tragt ihr Sünden in euch, die ihr voreinander noch nie angesprochen habt? Und wenn das so ist, dann sind euch eure Sünden noch nie vergeben worden?« Der Bauer ergreift meine Hand und drückt sie heftig. Die Bäuerin nickt. Hier also liegt ein »unbearbeiteter Boden«.

Ich ziehe meine Bibel aus der Tasche und lese aus der »Guten Nachricht« die Verse 13 bis 16 aus Jakobus 5:

»Hat einer von euch Leid zu ertragen? Dann soll er beten. Ist jemand glücklich? Dann soll er Loblieder singen. Ist einer von euch krank? Dann soll er die Ältesten der Gemeinde rufen, damit sie für ihn beten und ihn im Namen des Herrn Jesus mit Öl salben.

Ihr vertrauensvolles Gebet wird den Kranken retten. Der Herr wird ihn gesund machen und wird ihm seine Verfehlungen vergeben.

Ihr sollt eure Fehler offen zugeben und füreinander beten. Dann werdet ihr gesund.

Das Gebet eines Menschen, der glaubt, hat eine starke Wirkung.«

Als ich die Bibel zuklappe, höre ich die Bäuerin leise sagen: »So soll es sein! Ich will alle meine Sünden bekennen. Auch meinem Mann gegenüber will ich alle meine geheimen Verfehlungen bekennen.«

Nach einer Weile großer Stille meint der Bauer: »Ich weiß genau, dass ich jahrelang Schuld verheimlicht und nie ausgesprochen habe. Auch nicht vor Gertrud. Das will ich tun, Pastor. Willst du uns dabei helfen?«

Ja, ich will!

»In fünf Tagen komme ich wieder hierher. Dann möchte ich hören, was ihr vor dem lebendigen Gott an Sünden und Schuld zu bekennen habt.«

»Und dann wirst du einige Brüder mitbringen und nach Jakobus 5 an meiner Frau handeln?«

»Ja, versprochen ist versprochen.«

»Und Gott kann?« Der Zweifel steht dem leidgeprüften ostfriesischen Bauern ins Gesicht geschrieben, als er mit einer schnellen Kopfbewegung in Richtung auf seine Gertrud hindeutet. »Pastor, nach all den schrecklichen Monaten, die wir gemeinsam durchleiden mussten, ist mir der Glaube an unseren großen Gott in die Brüche gegangen. Du musst wissen, Pastor, ich kann seit Wochen weder glauben noch beten. So sieht es in mir aus!«

Der Bauer senkt seinen Kopf. Seine Tränen tropfen auf den Fußboden.

Ich lege ihm meine Hände auf die Schultern und spüre sein lautloses Schluchzen.

»Eildert, Gott kann! Gott kann alles! Aber eines kann er nicht!« Der Bauer schaut mich aus rot verweinten Augen an: »Sag, Pastor, was kann Gott nicht?«

»Gott kann seine Liebe seinen Kindern nicht entziehen! Und er liebt dich, Eildert, und Gertrud auch – über alles für uns erdenkliche Maß hinaus! Euch beide nicht lieben – das kann er nicht!«

Bevor wir uns verabschieden, nehme ich den beiden Bauersleuten das Versprechen ab: »Sagt niemandem, was wir hier besprochen haben. Wenn Gott ein Wunder tut, dann wollen wir ihn darüber loben und preisen. Dann gebührt ihm jegliche Ehre! Bitte, redet später nie darüber, wer die Hände bei Gertrud auflegte, denn nicht wir Menschen vermögen etwas in dieser schweren und aussichtslosen Lage auszurichten.«

Die Bäuerin nickt und ein sanftes Lächeln huscht über ihr Gesicht. Der Bauer aber nimmt meine Rechte in seine beiden Hände und drückt sie kräftig: »Was du vorhin sagtest, das wiederhole ich jetzt: Gott kann!«

Zu Hause angekommen, greife ich sofort zum Telefon und erzähle meinem Seelsorger von den Bauersleuten Snakenborg. Am anderen Ende der Leitung klingt die Stimme des Seelsorgers ziemlich entsetzt: »Was, du hast nicht sofort gehandelt? Gerhard, du kannst doch diese beiden leidgeprüften Menschen nicht fünf Tage allein in ihrer Not lassen!«

»Ja, du hast recht. Aber ich bin völlig unerfahren darin, wie nach Jakobus 5 zu handeln ist. Weder an der Uni noch im Predigerseminar habe ich auch nur andeutungsweise darüber etwas gehört, dass bei Krankheit die Ältesten der Gemeinde gerufen werden sollen. Oder dass es unter Christen üblich ist, Kranke mit Öl zu salben«, füge ich entschuldigend hinzu.

»Unerfahren oder nicht! Du hättest handeln müssen und zwar unverzüglich – und das im Namen Jesu! So, wie es der Herr Jesus seinen Jüngern vorgelebt und sie gleichzeitig gelehrt hat! Gerhard, du kennst doch die Anweisung unseres Herrn Jesus! Nie hat er von Bedenkzeit gesprochen, sondern – wo nötig – sofort gehandelt. Merke dir das für die zukünftigen Dienste! Es ist nicht auszumalen, was passiert, wenn der Glaube der Bauersleute nicht ausreicht, um der Versuchung zu widerstehen, sich das Leben zu nehmen!«

Nachdenklich lege ich den Telefonhörer auf. Recht hat mein Seelsorger. Ich hätte sofort handeln sollen, handeln können, handeln müssen. Erbarm dich mein, Herr Jesus! Lehre mich beten – und handeln zur rechten Zeit!

Jan Janssen ist bereit, mich zu Eildert und Gertrud Snakenborg zu fahren. Ich habe noch zwei Kirchenälteste eingeladen. Hinrich Hesse und Claus Clausen sind brüderliche Gemeindeglieder, die ihr »Amt« als Laien sehr ernst nehmen. Vor allem sind sie Beter.

Unterwegs reden wir nicht miteinander. Schon gar nicht mit Jan Janssen, denn er würde uns als zu gesprächig abstempeln, wenn wir auch nur mehr als drei Sätze miteinander austauschten. Gefragt zu werden, schätzt Jan Janssen überhaupt nicht. Er ist einer der »Stillen im Lande«, der viel betet, aber wenig spricht. Gut so! Also fahren wir eine halbe Stunde lang schweigend einer »großen Stunde« entgegen. Denn immer, wenn der himmlische Vater an Menschen Großes tut, staune ich über seine Allmacht und Güte. Und nichts prägt mich stärker, als dem Wirken Gottes nahe zu sein.

Wieder sehe ich Bauer Eildert Snakenborg allein auf dem großen Hof vor dem Bauernhaus stehen – wie vor fünf Tagen. Ich atme auf: Er hat seinem Leben also kein Ende gesetzt. Wie oft habe ich in den letzten Tagen an ihn und seine Frau Gertrud gedacht und wie sehr für sie gebetet.

Während wir über den Hof ins Haus gehen, stelle ich dem Bauer Snakenborg die Kirchenältesten vor und erkundige mich nach dem Ergehen der Bäuerin.

»Wir haben die letzten Tage damit verbracht, die Schuld voreinander zu bekennen. Pastor, was kam dabei für ein Berg Schutt und Schuld zutage! O Mann, o Mann!« Bauer Eildert schüttelt heftig seinen Kopf: »Ich entdeckte: Schuld ist wie das reinste Gift, das in mir schlummerte. Gertrud ist es nicht anders gegangen. Schau nur ...!«

Bauer Eildert stößt die Küchentür auf. Die Bäuerin streckt mir die Hand entgegen: »Pastor, wir haben auf Sie gewartet – mein Mann, meine Schwester und ich. Wir haben zu dritt vor Gott reinen Tisch gemacht – soweit das überhaupt geht. Aber wir sind erleichtert. Eildert kann sogar wieder beten. Ich weiß nicht, wer von uns dreien glücklicher ist. Pastor, Sie treffen mich heute in einem Zustand an, den ich nicht beschreiben kann. Die Sorgen um unsere Zukunft sind verschwunden. Wir schämen uns vor Gott und vor Ihnen, dass wir vor einer Woche nur von dem einen Gedanken erfüllt waren: Schluss mit dem Leben zu machen! Bitte, Pastor, hören Sie uns an und dann … werden Sie uns die Vergebung zusprechen … als Diener Gottes!«

Bauer Eildert hat das Kopfkissen seiner Frau aufgeschüttelt. Die Schwägerin hat den Tee aufs Stövchen gestellt, damit er warm bleibt. Ohne ein weiteres Wort zu sagen, knien Eildert und seine Schwägerin am Sofa nieder, wo Gertrud liegt. Sie hat ihre Hände gefaltet und schaut nochmals zu uns Männern herüber, die ziemlich unbeholfen in der Küche stehen.

Wo immer gebetet wird, da ist Gott gegenwärtig, da ist Ehrfurcht vor dem Allerhöchsten. Hier aber wollen Menschen ihr Leben vor dem himmlischen Vater ins Reine bringen. Schuld soll bekannt werden. Auch ich knie nieder. Denn vor Gott bin ich kein Deut besser als die Bauersleute Snakenborg. »Denn wir alle haben gesündigt und verfehlen die Herrlichkeit Gottes«, so sagt es der Apostel Paulus im Römerbrief. Auch Jan Janssen, Hinrich Hesse und Claus Clausen knien nun nieder.

Gebetsatmosphäre füllt den Raum, die

Wohnküche wird zur Kapelle. Claus Clausen betet laut, dann Hinrich Hesse. Was passiert hier eigentlich? Wollte nicht die Bauersfamilie beten? Und dann betet Jan Janssen: »Herr Jesus, du Heiland der Welt, der du zurechtbringst alle Nöte und heilst alle Gebrechen des Leibes und der Seele: Ich bekenne vor dir ...« Aus dem stillen, wortkargen Jan sprudelt es nur so heraus – einzelne Sünden und Versagen vor Gott und Menschen, Schuldenlast und innerer Dreck. »O Gott, erbarm dich! Amen«, schließt er sein Reuebekenntnis ab. Eine Weile ist es in der Küche so still, dass man deutlich das Geräusch der Wanduhr hört. In dieser Stunde ist der heilige Gott spürbar anwesend. Er geht von einem zum anderen, um uns einzuhüllen in seine göttliche Liebe.

Es fällt der Bäuerin leicht, ihr Schuldbekenntnis vor dem gegenwärtigen Herrn und Heiland auszubreiten, genauso wie ihrer Schwester. Beide schließen ihr Gebet mit einem lauten Amen ab. Eildert, der stämmige Bauer, legt seine Hände vors Gesicht und spricht kniend seine Lebensbeichte – manchmal laut, manchmal sehr leise. Ich muss auch keineswegs alles verstehen; der himmlische Vater weiß um seine schuldige Vergangenheit. Das genügt!

Ich erhebe mich und gehe nun von der Bäuerin zu ihrem Mann und ihrer Schwester, von Jan Janssen zu Hinrich Hesse und schließlich zu Claus Clausen, um ihnen in Jesu Namen die bekannten Sünden zu vergeben.

Kniend empfangen sie dann alle noch den biblischen Zuspruch und den Segen.

Als sich alle erheben, stehen wir vor dem Sofa. Auf dem Gesicht der Bäuerin ist deutlich ein Leuchten zu erkennen. Die Schmerzen scheinen – zumindest für Augenblicke – nicht mehr vorhanden zu sein. Wir geben uns einander die Hand: Unbeschreibliche Freude erfüllt uns alle.

Nun soll die Handauflegung folgen. Die Schwägerin geht in die Kochnische, die sich gleich neben der Wohnküche befindet, denn sie hat für uns eine deftige Mahlzeit bereitet. Eildert, der stämmige Bauer, setzt nun seine Frau vorsichtig auf einen Stuhl und hält sie fest. Wir Männer stellen uns um die kranke Gertrud.

Ich preise den lebendigen Gott, dass er jetzt durch uns handelt. Wir rühmen gemeinsam den himmlischen Vater, dass wir im Namen seines Sohnes Jesus handeln können. Auch die Bäuerin betet. Doch dann durchschießt mich ein seltsamer, ja verrückter Gedanke des Unglaubens: Wenn nun Gott nicht an dieser Frau handeln will – was dann? »Herr Jesus«, so bete ich leise, während die Männer immer noch laut beten, »du siehst meinen senfkornkleinen Glauben. Nicht mir, o Herr, nicht mir, sondern deinem Namen verschaffe Ehre.« Wir Männer legen auf Gertrud Snakenborg unsere Hände und ich bete laut: »Du legst unter unsere Hände deine Hände! Herr Jesus, du Sohn des lebendigen Gottes, du beweist jetzt deine Macht! Du sendest aus deiner Kraftfülle Heilungskräfte und wirkst an Gertrud Snakenborg. Du rührst besonders die kranken Stellen in ihr an!« Während ich bete, spüre ich einen Kraftstrom über meine Arme bis in die Hände fließen. »Ja, Gott, du handelst! Amen!«

Die Schwägerin kommt aus der Kochnische und will in der Wohnküche den Mittagstisch decken. Bald sitzen wir in der Runde. Bauer Eildert hat seine Frau auf dem Stuhl an den Tisch geschoben und setzt sich neben sie. Das Mittagessen schmeckt uns allen. Doch das bewegende Thema in unserer Runde ist: Gott will gebeten sein! In dem Namen unseres Herrn Jesus ist tatsächlich Kraft und Sieg, ist Macht und Heilung.

Nach dem guten Essen stößt mich der Bauer an: »Pastor, siehst du denn nicht? Siehst du wirklich nicht?« Ich ziehe die Schultern hoch. Was soll ich sehen? »Schau, meine Frau! Sieh doch, Gertrud ist vom Stuhl aufgestanden. Sie hat die Teller zusammengestellt. Jetzt trägt sie den schweren Stapel in die Kochnische! Pastor, ihr Männer, versteht ihr nicht? Gertrud hat seit Monaten keinen Schritt gemacht. Nun geht sie! Sie geht! Sieh, das Wunder ist passiert!«

Wirklich, das Wunder ist passiert. Gott hat die gelähmte Bäuerin angerührt. Bei Gott ist nichts unmöglich.

Der geplante Kliniktermin ist von der Bäuerin nicht eingehalten worden. Der behandelnde Professor ruft verärgert bei Eildert Snakenborg an und will wissen: »Warum ist Ihre Frau nicht in unsere Klinik gebracht worden?!«

»Herr Professor, es geht ihr gut. Sie braucht Ihre Hilfe nicht mehr.« Das will der Professor nicht glauben, er fühlt sich verulkt. »Wissen Sie was, Herr Snakenborg, ich schicke morgen meinen Assistenzarzt!«

Am anderen Tag kommt tatsächlich Dr. Friederichs mit dem Auto auf den Hof der Snakenborgs angefahren und stellt fest, dass eine ausgedehnte Untersuchung der Patientin überflüssig ist, denn sie kann gehen. Sie verrichtet einen Teil ihrer gewohnten Stallarbeit, die wahrlich schwer ist. Sie melkt sogar die Kühe!

Noch am selben Abend ruft der Professor erneut den Bauer Eildert an: »Was mir soeben mein Assistenzarzt berichtet hat, das ist unglaublich! Ihrer Frau würde es gut gehen! Das muss ich mir selber ansehen. Ende der Woche komme ich zu Ihnen, um mir die Patientin, äh, ich meine Ihre Frau, anzusehen, gegebenenfalls zu untersuchen.«

Der kühle Wind treibt Quellwolken von der Nordsee über die Weiten Ostfrieslands. Unzählige Schwalben schweben durch die Lüfte: Sind sie nicht Segelkünstler? Kunstvoll gestalten sie ihre tiefen Flüge über die reifen Kornfelder, um dann schnell und steil an Höhe zu gewinnen – ein bewegendes Spiel in wohltuender Wärme, das in diesen Sommertagen über dem weiten Land hinter den Deichen vom Sonnenglanz verwöhnt wird.

Der Medizinprofessor würdigt die Landschaft keines Blickes, weil seine Patientin, die er viermal unter dem Messer hatte – ohne operativen Erfolg – wieder gehen kann. Ohne Hilfe? Das kann doch nicht wahr sein, oder? Sein Kopf schwirrt voller Wenn und Aber, voller medizinischer Unmöglichkeiten und Unwahrscheinlichkeiten. Geht einfach nicht! Hat er sie nicht vor Monaten als Pflegefall entlassen müssen – ohne Aussicht auf Heilung? Und nun das!

Er biegt mit seinem Cabrio in den Feldweg ein, an dessen Ende der Bauernhof liegen soll. Ja, richtig, die Wegbeschreibung stimmt. Da ist das Haus, dort sind die beiden großen Ställe – und da … ist das nicht seine Patientin? Sie trägt in jeder Hand einen vollen Melkeimer, mit denen sie über den Hof geht. »Du liebe Zeit!«, murmelt der Professor immer lauter. Und dann sagt er überlaut vor sich her seinen Lieblingsspruch, den er oft in der Universitätsklinik gebraucht, wenn es ihm dort zu hektisch wird: »Du phänomenale Blattlaus!«

Gertrud, die Bäuerin, hat das Auto kommen sehen und hört die lauten Worte von ferne. »Tja, so ist der Herr Professor. Typisch! Aber so ist er nun mal! So muss man ihn nehmen.«

Das Auto hält unweit von ihr. Ohne jegliche Begrüßung ruft der Gelehrte: »Unglaublich! Was haben Sie nur mit Ihrem Rücken gemacht?! Das ist doch bei Ihrem Krankheitsbild nicht möglich, was Sie da tun! Sie laufen mit vollen Milcheimern über den Hof!« Dann steigt der Professor aus dem Wagen und begrüßt seine Patientin. »Menschenskind, da muss ein Gotteswunder passiert sein!«

»Herr Professor, Gott hat wirklich ein Wunder an mir gewirkt!«

»Aber wie? Das will ich wissen!«

»Ein Pastor und einige Kirchenälteste hatten den Mut zum Handeln und haben mit mir und meinem Mann gebetet – und dann legten sie mir in Jesu Namen die Hände auf. Ja, und dann ist es passiert: Ich bin genesen, ja gesund! Aber nun kommen Sie erst einmal ins Haus. Da trinken wir in Ruhe eine leckere Tasse Ostfriesentee. Die wird Ihnen nach der langen Autofahrt guttun …! Und ich erzähle Ihnen, lieber Professor, die ganze Geschichte mit dem Gotteswunder.«

Der Professor besteht darauf, seine Patientin untersuchen zu dürfen. Schließlich willigen Eilert und Gertrud Snakenborg ein.

»Da ist ein Wunder passiert! Ein Wunder passiert! Ein Wunder …«, stellt der Gelehrte während der Untersuchung laufend fest.

»Nein, nicht ein Wunder, sondern zwei«, fällt Eildert Snakenborg dem Professor ins Wort.

»Wieso zwei?«, will der Medizinprofessor wissen. »Wieso zwei?«

Nun erzählen Eildert und Gertrud Snakenborg, wie sie sich im Gespräch vor Gott ihrer

Sünden entledigten. Sie vergessen nicht zu erwähnen, dass sie sich lange Zeit mit ihren Sünden innerlich gequält haben.

»Und diese Vergebung wurde uns in Jesu Namen zugesprochen. Das ist eigentlich das erste Wunder. Daraufhin folgte das zweite Wunder: Wir haben die Kraft des Wirkens Gottes am eigenen Leib erfahren.«

Mehr als eine halbe Stunde lauscht der Gelehrte schweigend Eildert und Gertrud Snakenborg. Als die beiden zu Ende erzählt haben, liegt auf ihren Gesichtern eine stille Freude, die aus dankbarer Tiefe herrührt.

»Wiederholen Sie mir den einen Satz«, fordert der Professor den Bauer Eildert auf. »Ich will diese Worte nochmals von Ihnen hören, um sie in mein Herz aufzunehmen. Sie sprachen von den Liebkosungen Gottes. Können Sie diese Sätze für mich wiederholen?«

Bauer Eildert wiederholt nochmals bedächtig: »Die mächtige Hilfe, die Gott uns schickte, mutet an wie eine Liebkosung des himmlischen Vaters. Sein Helfen ist ein gütiger Zuruf an uns: Verzagt nie wieder an den vielen Nöten eures Leibes. Gott neigte sich zu uns herab, indem er uns die Macht des Himmels sandte, um uns zu befreien – zu befreien von dem, was hier als Not und Schmerz auf uns lastet.«

»Mann, solche Worte habe ich noch nie gehört. Sagen Sie, woher haben Sie – als Bauer – diese Weisheit?« Der Professor schüttelt nachdenklich seinen Kopf und ohne eine Antwort abzuwarten, spricht er nachdenklich: »Ich versuche dieses Wunder einzuordnen. Ich finde zunächst keine Worte für das, was ich mit eigenen Augen heute sehe. Würden Sie mir beipflichten, wenn ich sage: Wunder sind ein Einbruch der oberen Welt in diese Welt?«

»Ja«, sagt Gertrud Snakenborg, »und der größte Einbruch der oberen Welt in diese Welt – wie Sie, Herr Professor, es nennen – ist doch die gegenwärtige Person Jesu. Vergessen wir ihn nicht. Er ist unser Heiland. Ihn lieben wir. Er ist zu uns gekommen, um mich, um uns alle zu retten. Das ist kein Geheimnis, sondern eine Tatsache.«

Die Sonne ist schon längst hinter dem Horizont verschwunden, als der Professor nach Oldenburg zurückfährt. Nachdenklich – aber irgendwie heiter. Im Ohr hört er die Stimme seiner Patientin: »Vergessen wir ihn nicht …!«

Kann jemand mich wirklich noch retten?

4

Der Bürgermeister der ukrainischen Stadt Irpin hat sich zum Gespräch angemeldet. Was er mit mir besprechen will? Ich weiß es nicht.

Die ukrainische Stadt Irpin zählt über 100 000 Einwohner, aber sie ist durch ihre Bauweise eigentlich ein Dorf geblieben – ein Dorf im Walde, 25 Kilometer vom Zentrum der Hauptstadt Kiew entfernt.

Ich staune: Der Bürgermeister bietet der Mission »Ost-West« ein Stück des Waldgebietes zum Kauf an. Er weiß, wir brauchen für unser Theologisches Institut, für die schnellwachsende Gemeinde und besonders für die schnellwachsende Jugendarbeit in der Stadt ein geeignetes Gelände. Aber der gute Bürgermeister liegt mit seinem Angebotspreis von 100.000 Dollar viel zu hoch. Ich muss ihm klarmachen: Wir sind eine Missionsgemeinschaft und kein gewerblicher Betrieb. Außerdem verfügen wir nicht über unbegrenzte Geldressourcen – wie viele Ukrainer vermuten. All das Gute, das wir in der Ukraine für die junge Generation tun, wird finanziell und mit viel Gebet durch deutsche Spender zusammengetragen. Doch das alles interessiert den Bürgermeister weniger. Nach drei Verhandlungstreffen – über mehrere Monate verteilt – wird aber sein Angebot akzeptabel: ganze 20.000 Dollar für siebentausend Quadratmeter bewaldetes Gebiet, auf dem zehn Wohnbaracken aus der kommunistischen Ära stehen. Sie dienten einst der Erholung und Schulung der »Bonzen«, wie die Leute in Irpin die marxistisch gesonnenen Teilnehmer nannten, die damals an den atheistischen Schulungen teilnahmen.

Der Vorstand und die Freunde der Mission »Ost-West« willigen in den Kauf dieses herrlichen Waldgrundstückes ein. Sie spenden nicht nur die Gelder für die siebentausend Quadratmeter, sondern geben alle miteinander eine erhebliche Geldsumme für die Errichtung der Seminar- und Tagungsgebäude, um aus dem einst kommunistischen Schulungszentrum ein »Christliches Lebenszentrum« zu machen, das wir in Eigenleistung erstellen und das heute in der Ukraine wegen seines hervorragenden Seminars und der ebenso wichtigen Tagungsarbeit weit und breit bekannt ist – als eine Stätte göttlichen Segens. Das »Christliche Lebenszentrum« in Irpin ist zum »Magnet« besonders für die junge Generation geworden. Diese Generation nimmt die Verkündigung des Evangeliums an und lässt sich in die Nachfolge des Herrn Jesus rufen, den sie bislang nur vom Hörensagen kannte und der ihr fremd war. Die Begegnung mit dem auferstandenen und gegenwärtigen Herrn Jesus Christus bewirkte in der Ukraine eine landesweite geistliche Erweckung, die vom »Christlichen Lebenszentrum« in Irpin auch heute noch ausgeht – und Veränderung schafft.

Die Ausarbeitung der nächsten Unterrichtsstunden nimmt mich an diesem Nachmittag völlig in Anspruch. Ich kritzele noch in den Manuskriptblättern, als es ziemlich heftig an meiner Zimmertür klopft. Hat der Besucher überhaupt mein »Herein!« vernommen? Schon öffnet sich die Tür meines kleinen Zimmers, das mir im Seminar als »Studierkämmerchen« dient. Mit hochrotem Kopf steht unser Seminarlehrer Jury vor mir und streckt mir seine gefüllten Hände entgegen.

»Schau mal, Pastor!«

Der ruhige Jury ist Arzt. Die »Frage nach Gott« hat ihn vor Jahren bewogen, unser Theologisches Institut in Irpin zu besuchen. Nach seinem ersten Besuch in meinem Unterricht entscheidet er sich, ein Studium bei uns zu beginnen. Wir nehmen ihn auf, denn ein gläubiger Arzt meldet sich nicht alle Tage zum Studium in einem Theologischen Institut an. Und war Lukas, der Verfasser eines der Evangelien und ein bevollmächtigter Zeuge Jesu Christi, nicht auch Arzt?

Unser Doktor Jury blieb nach dem Studium bei uns als Lehrer im Institut: ein ausgezeichneter, begabter Dozent, der den Studenten im Fach »Praktische Theologie« viel zu bieten hat.

»Aber Jury, was hast du da in deinen Händen?«

»Pastor Rötting, schauen Sie selber! Wissen Sie, was das ist?«

Er öffnet seine Hände. Ich sehe Grünzeug, das ich nicht definieren kann. Ist es Gras? Nein.

Ist es trockener Spinat? Nein. Aber was ist es dann?

»Ich sage es Ihnen: Es ist Hanf. Hanf! Wissen Sie: Cannabis! Das wird als Droge geraucht. Wir sagen im Volksmund auch ›Haschisch‹ dazu!« So aufgeregt habe ich Jury noch nie gesehen.

Vorsichtig entleert der Doktor seine beiden Hände und legt das trockene »Grünzeug« auf meine Manuskriptblätter.

»Kennen Sie diese Droge nicht?«

»Nein. Und was soll ich damit anfangen?«

Jury hat sich einen Stuhl herangezogen, wühlt mit dem Zeigefinger in dem Häufchen Hanf und spricht in seiner besonnenen Art: »Der Hanf ist eine hochwachsende, krautige Pflanze, die auch in der Ukraine von den Landwirten angepflanzt wird. Deren Stängel enthalten Fasern, aus denen Seile hergestellt werden. Der Same ist wertvoll, weil er ölhaltig ist. Aber nun kommt's ...«

Der Doktor rückt seinen Stuhl etwas näher heran. Seine Stimme wird leiser, so, als ob er mir ein Geheimnis zuflüstern will:

»Aus den Blättern und Blüten wird Haschisch und Marihuana gewonnen.«

»Jury, ich sehe, du bist ziemlich aufgeregt. Was ist los?«

»Ja, Pastor Rötting, ich bin nicht nur aufgeregt, ich bin fassungslos. Richtig fassungslos! Vielleicht sind wir als Lehrer und Studenten sogar in großer Gefahr!«

»In Gefahr? Wieso? Weshalb? Ich will es genau wissen. Kannst du mir sagen, was los ist?«

Die Sonne steht über den Kronen der Fichten. In einer Stunde wird es draußen dunkel sein. Darum zünde ich eine Kerze an. Jury schaut zu. Er hat sich bereits einigermaßen beruhigt, als ich beim Anzünden der dicken Kerze die Hugenotten-Losung spreche: »Lux lucet in tenebris – Licht leuchtet in der Finsternis!«

Es klingt wie eine Antwort, die Doktor Jury über der flackernden Flamme spricht: »Jesus sagt zu seinen Jüngern: Ich bin das Licht der Welt! Und: Ihr seid das Licht der Welt!«

Nun kann das Erzählen beginnen, denn wir sind in Christus eins. Jury holt tief Luft: »Vor einer halben Stunde schaute ich in eine der abbruchreifen Holzbaracken, die im Gelände vor sich hin gammeln. Mich interessierte eigentlich nur der Zustand der Baracken, die schon lange keine Fenster und Türen mehr haben. Wann wird das morsche Holz nachgeben und das Flachdach einstürzen? Hoffentlich kommen dann keine Personen zu Schaden. So überlege ich.

Aber was steht da in der Ecke? Ein vollgepfropfter Jutesack! Wie es scheint, steht der noch nicht lange da. Was mag er beinhalten? Vorsichtig setze ich meine Füße auf die Planken des von Fäulnis zerfressenen Bodens, der bereits nachgibt. Der Jutesack …! Ich greife hinein: Hanf! Haschisch! Wer hat den Sack hierher in diese Bruchbude gebracht? Ist das hier ein Versteck? Ich beginne zu ahnen: Diese Baracke ist entweder ein Umschlagplatz für Drogendealer – oder …?«

Doktor Jury streicht mit seiner Hand übers Gesicht. »Oder … irgendjemand will uns eine Falle stellen. Er hat vielleicht den Sack mit Haschisch hierher gestellt, benachrichtigt die Polizei, die den großen Drogenfund nicht nur beschlagnahmt, sondern uns womöglich verdächtigt: Ihr Christen treibt auf dem großen Waldgrundstück einen finanziell ertragreichen Drogenhandel!«

Jury zieht die Schultern vielsagend hoch:

»Pastor Rötting, wir haben ja nicht nur Freunde in der Stadt. Sie wissen, dass an diesem großen Waldgrundstück auch andere Personen und Institutionen sehr interessiert waren. Und wenn diese uns jetzt eine Falle stellen, dann stehen wir eines Tages vor Gericht – und sind gleichzeitig das schöne Grundstück los.«

Wir überlegen nicht lange und hecken miteinander einen Plan aus, der uns Klarheit bringen soll.

Bevor es dunkel wird, gehen Jury und ich in Richtung der baufälligen Baracke, dabei schauen wir uns immer um, ob wir beobachtet werden. Als wir uns sicher fühlen, geht Jury in das morsche Bauwerk und legt auf den Jutesack einen großen weißen Papierbogen, auf dem steht: »Entdeckt!«

Danach verstecken wir uns im Gehölz des Waldes und behalten die Baracke im Auge. Ich komme mir vor wie ein Detektiv, der sich mit einer großen Stablampe an eine »dicke Sache«

heranpirscht. In abwartender Lauerstellung vermeiden wir jedes unnötige Wort und achten darauf, dass auch nicht ein einziges trockenes Ästchen unter unseren Füßen knackt und uns verrät.

Da! Im Halbdunkel nähert sich ein junger Mann der Baracke. Wer mag er sein? Einer unserer Studenten wird sich doch nicht auf ein solches Abenteuer einlassen! Aber ich kann sein Gesicht nicht erkennen. Der Mann betritt die Baracke, zündet ein Streichholz an, das bald erlischt. Dann noch eins. Für etwa zwölf Sekunden ist der Raum wieder mit einem schwachen, rötlichen Schein ausgefüllt. »Er hat den Zettel entdeckt«, wispert Jury mir zu. Dann hört man ein Poltern aus der Baracke. Ein lautes Schimpfen und Fluchen ist zu hören.

»Los, Jury, wir schnappen ihn uns!«

»Ja, Pastor, das ist unsere Gelegenheit! Los! Auf!«

Jury ist schneller als ich. Der Fliehende hat bemerkt, dass ihn jemand verfolgt. Er schleppt den Sack hinter sich her, aus dem Büschel um Büschel herausfällt. Nur einmal bleibt er kurz hinter einem der dicken Kiefernbäume stehen.

Will er sich verstecken? Meint er, wir würden ihn im Halbdunkel des Waldes nicht finden? Ich schleiche mich vorsichtig durchs Gebüsch, um ihm den Weg abzuschneiden. Jury geht frontal auf ihn zu. Gefährlich! Denn Drogenbosse sind ja nicht selten bewaffnet.

»Wer bist du, Blödmann?«, schreit der Unbekannte. »Bist du einer von uns, du Idiot? Dann lass mich in Ruhe!«

Und schon rennt er geschickt durch den dichten Wald, immer den Jutesack hinter sich schleppend. Genau in die für ihn falsche Richtung rennt er – ausgerechnet in meine Arme. Bei dem Zusammenprall komme ich ins Wanken. Ein Fichtenbaumstamm, gegen den mein Rücken stößt, bewahrt mich vor dem Sturz. Schnell fange ich mich und kann den Burschen am Kragen fassen – bäh! er hat eine eklige Alkoholfahne – und werfe ihn zu Boden. Schon ist Jury da und drückt ihn zu Boden. Ich bin außer Atem, aber wir haben den Täter! Der fast leere Jutesack liegt neben ihm. Ob noch andere hinter diesem Haschisch-Unternehmen stecken? Vermutlich!

»Seid ihr von der Polizei?«, wimmert der

junge Mann, der bäuchlings auf dem Boden liegt. »Bin ich verhaftet?«

Meine Taschenlampe strahlt hell auf ihn. Doktor Jury zieht ihm die Mütze vom Kopf. Eine blonde Haarfülle kommt zum Vorschein. Als der Täter seinen Kopf seitlich legt, entdecken wir Angst in seinem jungenhaften Gesicht.

»Nein, wir sind vom Seminar.«

»Bitte, holt nicht die Bullen, denn …«

»Warum denn nicht?«

Jury hat den Kerl fest im Griff und hilft ihm beim Aufstehen. »Los! Los! Sag uns, wie du heißt und was mit dir los ist!«, brüllt Jury und rüttelt ihn derart, als wolle er den Täter aus dem Schlaf schütteln.

»Ich bin Igor«, würgt er heraus. »Hört, bei der Polizei läuft noch 'ne andere Sache gegen mich. Lasst mich laufen, bitte! Ja, ich habe Mist gebaut. Mist! Wiederholten Mist! Kommt, lasst mich los! Nie wieder werde ich auf eurem Waldgelände erscheinen. Versprochen!«

Jury schubst ihn in Richtung unseres Seminars: »Du kannst uns im Dunkeln viel erzählen und leere Versprechungen machen. Erst kommst du mit uns ins Seminar und erzählst offen und ehrlich, was du mit dem Haschisch vorhattest. Und bei der Gelegenheit kannst du uns auch erzählen, was sonst noch mit dir los ist. Los, los, beweg dich! Bis zum Haus kannst du dir überlegen, was deine illegale Rauschgiftaktion zu bedeuten hat. Doch wehe dir, wenn du uns auch nur die kleinste Kleinigkeit verschweigst! Rede mit uns offen, sonst landest du im Kittchen, kapiert?«

Wir halten Igor fest an den Armen. Er lässt sich von uns ohne Widerstand durch den Wald führen. Ich rechne nicht damit, dass der Bursche sich plötzlich losreißt und versucht, abzuhauen.

Als wir in mein »Studienzimmerchen« eintreten, schalte ich das Licht ein und zünde die Kerze an, die auf dem niedrigen Tisch vor der Couch steht. Neben der Kerze liegt meistens nur ein Buch, in dem ich gern lese und das mich nun schon seit Jahrzehnten begleitet: Die Heilige Schrift.

»Lux lucet in tenebris – Licht leuchtet in der

Finsternis!« Und ich füge betend hinzu: »Du, Herr Jesus, bist das Licht der Welt!«

Da sitzt nun der junge Drogendealer vor uns, der seinen Blick nicht von der Kerze nimmt.

»Igor«, beginnt Doktor Jury, »sagst du uns, wo du wohnst, wie alt du bist und welchen Beruf du gelernt hast?«

Mir entgeht nicht, wie klug der junge Mann dreinschaut. Ein Dorftrottel ist er ganz bestimmt nicht, ein Hinterwäldler auch nicht. Dann kommt der Augenblick, wo er sich zuerst Jury genau anschaut. Dann mich. Überlegt er, ob er uns vertrauen kann? Wieder schaut er lange ins Kerzenlicht.

Im Seminar kommen die Studenten vom Abendessen zurück und verziehen sich in ihre Zimmer, wo sie zu viert wohnen und studieren. Dann ist es im ganzen Hause ruhig, ja ganz still.

»Fällt dir was ein, was der Wahrheit entspricht?«, frage ich ihn.

Igor richtet sich auf. Sein Blick heftet weiter an der brennenden Kerze.

»Ich überlege, wo ich anfangen soll, aus meinem kaputten Leben zu erzählen. Jetzt schaue ich schon eine Weile das Kerzenlicht an: Es flackert nicht mehr. Die Flamme ist ganz ruhig geworden. So ruhig möchte ich auch sein. Sie erinnert mich daran, dass ich vor zwei Monaten in eine orthodoxe Kirche flüchtete. Von meinem letzten Geld kaufte ich eine Wachskerze, stellte sie in einen Ständer und schaute mir Ikonen an, die das Kirchlein rundum ausfüllten.

Ich war dorthin gegangen, um Schutz zu suchen und … weil ich am Ende meiner Kraft war. Die Polizei war hinter mir her, als sie mich dabei erwischte, ein Auto aufzuknacken. Sie erkannte mich, aber ich konnte fliehen. Eben in dieses Kirchlein, in dem ich mich sicher fühlte.

Ich schaute alle Ikonen an. Sie sagten mir nichts. Nur die Christus-Ikone, die betrachtete ich länger. Mir war, als würden diese Christusaugen nur mich ansehen. Nur mich. Aber ich war innerlich leer. Und so leer, wie ich in das Kirchlein gekommen war, so leer ging ich wieder hinaus und sagte an der Tür: ›Großer Gott!‹

Meine Großmutter betete zu Gott. Jeden Tag. Meine Eltern sauften mal miteinander, mal schlugen sie aufeinander ein. Sie schrien einander an – bei Tag und auch nachts. Sie fluchten und gingen mit Knüppel oder Bierflaschen aufeinander los. Möbel wurden demoliert. Blut floss. Das ging jahrelang so. Mich ekelte das Familienleben an. Nie würde ich heiraten wollen.

Eines Tages kam ich unerwartet früh aus dem Gymnasium nach Hause. Mutter hatte unter dem großen Futterkessel ein Feuer gemacht. Aber im runden Kessel war kein Futter, sondern nur Wasser, das wild kochte. Mutter kauerte vor der Glut im Kessel, hielt aber mit einer Hand einen Zinkeimer fest, den sie auf den Kesselrand gestellt hatte – voll kochenden Wassers. Sie weinte.

›Mutter, was machst du da?‹

Sie stand auf und leerte wortlos den Eimer in den Kessel zurück. ›Junge, dass du gerade jetzt kommen musst! Ich will mich verbrühen. Ich kann nicht länger dieses schreckliche Leben aushalten. Bitte, geh zur Großmutter. Sage ihr nichts von meinem Plan. Begrabt mich bald – und bleibe bei ihr.‹

›Mutter, daraus wird nichts!‹ Ich brachte sie ins Schlafzimmer. Sie schlief zwei Tage und zwei Nächte. Ich ahnte nicht, dass sie Schlaftabletten genommen hatte. Sie wachte nicht wieder auf. So kam ich zur Großmutter, meiner Babuschka, und wohnte bei ihr. Sie hat viel gebetet. Auch für mich. Das hörte ich, wenn sie nachts laut um Gottes Hilfe für andere und für mich betete.

Ich schaffte die Hochschulreife. Studieren konnte ich nicht, denn dafür fehlte das Geld. Mein Vater versoff die ohnehin ärmliche Wohnungseinrichtung. Er richtete sich selber mit der Sauferei zugrunde. Nach seinem Tod fing ich mit dem Trinken an. Daraus wurde bald ein Alkoholproblem. Und ich berauschte mich auch mit Drogen. Klauen wurde mein Job. Dadurch verlor ich meinen Ausbildungsplatz. Ich stürzte im freien Fall immer tiefer ins Bodenlose. Die Oma starb, weil ich ihr so unendlich viel Not mit meinem verlotterten Leben bereitete. Auch dieser Schock brachte für mich keine Lebenswende.

Nachdem Omas Haushalt aufgelöst wurde, lebte ich buchstäblich auf der Straße. Besser gesagt: Ich lebe seitdem im Verborgenen. Aus Angst vor der Polizei, aber auch weil ich vom Leben enttäuscht bin. Meine Eltern haben das Leben nicht in den Griff bekommen. Sie wurden wie Schweine. Und ich bin nicht besser! Anders. Aber nicht besser!

Ich habe einige Freunde. Sie sind so wie ich. Die meinten, ich solle wieder mitmachen und mir Haschisch beschaffen, das sich unter den jungen Leuten leicht zu Geld machen lässt. Haschisch geht immer, meinten sie. Auf Pump schaffte ich den Jutesack mit dem ›Stoff‹ an. Und bevor ich damit loslegen konnte, seid ihr dazwischen gekommen. Alles andere ist euch ja bekannt.«

Die Kerze ist heruntergebrannt. Ich stecke eine neue in den Kerzenhalter. Danach stelle ich Wasser auf den niedrigen Couchtisch. Nachdem Igor in einem Zug sein Glas leergetrunken hat, schaut er Doktor Jury und mich an: »Das ist alles. Kann ich jetzt gehen?«

Bedächtig schüttelt der Doktor seinen Kopf: »Wenn du jetzt schon bei uns bist, werden wir gemeinsam noch etwas essen, oder?« Ich stimme zu. »Ja«, lächelt Igor, »etwas für den Magen könnte ich gut gebrauchen. Danke für die Einladung!«

Nach dem späten Abendessen sitzen wir nochmals in meinem Studierkämmerchen. Jury hat aus Igor herausgehört: Einen festen Schlafplatz hat er für heute nicht. Ja, bei irgendwelchen dubiosen Freunden könne er immer unterkommen.

Ich höre aus Igors Bericht heraus, dass es noch etwas in seinem Leben gibt, das er bisher nur sehr vorsichtig andeutete. Mir scheint aber, dass es wichtig ist.

»Sag, Igor, bist du verheiratet?«

Es kommt mir vor, als ob der junge Mann ein wenig in sich zusammenfällt. Er schüttelt schweigend den Kopf.

»Und hast du eine feste Freundin?«, will ich wissen.

Wieder schüttelt Igor sein blondes Haupt, nur intensiver als vorhin … und schweigt beharrlich. Ob er ahnt, worauf ich hinaus will? Plötzlich ist zwischen uns eine frostige Atmosphäre.

»Nun rede schon!«, versucht Doktor Jury die eisige Stille zu durchbrechen. Doch er entlockt kein einziges Wort aus Igor, der wie ein Häufchen Elend auf der Couch sitzt – nervös hin und her rutschend. Minuten vergehen. Der Doktor und ich halten die Spannung aus.

Plötzlich springt Igor hoch: »Darüber rede ich nicht! Ich gehe!«

»So?«, meint Jury.

»Da geht's lang!« Mit einer vielsagenden Handbewegung weise ich auf die Zimmertür.

Perplex bleibt Igor auf der Stelle stehen, rührt sich einige Augenblicke überhaupt nicht. Was Wunder – so schnell Igor hochgesprungen ist, so schnell setzt er sich wieder, schaut uns an, zieht die Augenbrauen hoch, grinst und quält die Worte heraus:

»Ich habe euch heute Nachmittag schon gesagt: Ich werde niemals heiraten. Ich kann nicht heiraten. Noch nie habe ich irgendetwas für Frauen empfunden. Ja, für meine Mutter schon. Auch für meine Babuschka. Aber sonst? Nein! Ich pflege Männerfreundschaften. Um es genauer zu sagen: Ja, ich bin schwul. So jetzt wisst ihr alles über mich. Wollt ihr noch mehr wissen? Oder schmeißt ihr mich jetzt aus dem Haus? Tut es! Ich bin eben ein Schwein. Ein Wrack.«

Er vergräbt seinen Kopf in beide Hände.

Nach einer Weile hören wir, wie er leise in sie hineinspricht: »Weil ich keine Wohnung habe, schlafe ich bei den Kameraden. Mal bei dem, mal bei dem anderen. Sie alle aber sagen: Dir ist nicht zu helfen!«

»Unsinn!«, sage ich so laut, dass Igor seine Hände vom Gesicht wegnimmt und mich verdutzt anschaut. »Was deine sogenannten Freunde behaupten, das kennst du. Was ich dir jetzt sage, mag völlig neu für dich sein, aber ich sage dir: Du bist zu retten! Ich kenne jemanden, der dein Leben in Ordnung bringt – wenn du willst! Ich kenne ihn gut und weiß: Auch du bist für ihn rettungswürdig! Weil er dich …«

»Wirklich?«

Ich nicke still.

Igor sieht mich erstaunt an: »Aber Ihr Bekannter weiß doch gar nicht, worunter ich leide. Was mich kaputtgemacht hat. Was mit mir los ist. Was für ein ungeheuerliches Dreckschwein ich bin!«

Nach einer kurzen Weile fügt er fragend hinzu: »Ist Ihr Bekannter ein Arzt?«

»Keine Sorge, Igor, er ist schon mit ganz anderen Leuten klargekommen, hat sie zurechtgebracht und ihr Inneres erneuert. Ganz und gar!«

»Und wo wohnt Ihr Freund? Weit von hier? Und wie viel Geld nimmt er für die Behandlung? Sie wissen doch, meine Taschen sind leer.«

Jury schlägt vor: »Igor, morgen ist ein neuer Tag. Hier im Seminar gibt es ein kleines Gästezimmer mit einer Nasszelle darin. Dusche dich frisch. Ich bringe dir zwei Handtücher und Unterwäsche von mir. Ich habe auch noch ein Oberhemd, das ich dir schenke. Komm, ich zeige dir, wo du schlafen kannst. Du bist müde. Morgen Nachmittag sprechen wir weiter über deine Rettung und über deine Heilung – wenn du willst.«

Igor verabschiedet sich. Ich bleibe noch eine Weile mit unserem Seminarlehrer, Doktor Jury, zusammen.

»Wie gehen wir jetzt mit Igor vor?«, will er von mir wissen.

Ich schlage vor: »Lasst uns beide erst über Igor den heiligen Namen unseres mächtigen Herrn Jesus ausrufen. Er vermag diesen jungen Mann aus dem Lebenssumpf zu ziehen. Das schaffen wir selbst nicht! Aber – unser Meister wird uns seinen guten, Heiligen Geist senden, damit wir keine Fehler machen.

Lasst uns außerdem den Herrn Jesus um Schutz und Bewahrung vor jeglicher Anfälligkeit des eigenen Herzens bitten. Igor ist nur einer von vielen, die in ihrer erbärmlichen, schmutzigen und größenwahnsinnigen Selbstliebe und Selbsttäuschung uns begegnen. Sie schmücken und überdecken ihre Bindungen meistens mit frommen oder unfrommen ›Blumen‹. Aber ich bin mir sicher, dass Igor geholfen werden kann. Ja, Homosexuellen kann geholfen werden. Allerdings habe ich bei allen, die homosexuell waren, eine Bedingung gestellt:

Ihr müsst mir geloben, auch bei nur geringer Rückfälligkeit sofort die Beicht-Seelsorge aufzusuchen. Das Ausbrennen dieser Angelegenheit tut dem ›alten Menschen‹ sehr weh und geht ihm hart an die Nieren. Aber nur mit solch seelsorgerlichen Härten finden sie die Freiheit, zu der sie unser Herr Jesus befreien kann und will. Und in der Beichte ist der Teufel der Verlierer!«

So knien wir nieder und preisen den großen Namen unseres Herrn Jesus. In seinem Namen ist ja Kraft und Sieg genug, um auch Igor aus seinem Schlamassel zu retten. Er, Jesus, ist unser Fels, auf dem wir stehen.«

Nach dem »Amen« tausche ich noch ein paar Gedanken mit Doktor Jury aus.

Die Homosexualität unserer Tage zeigt sich oft im Geist der Rebellion. Von Igor haben wir soeben gehört, wie er sich gegen vieles stemmt. Aber bei uns Seelsorgern weckt solcher Zustand nur Erbarmen. Doch das Unheimliche dieser Wirklichkeit können wir lediglich in der uns von Gott geschenkten Vollmacht aufdecken. Der Anfang ist bei Igor gemacht. Ich bin erstaunt, wie der Herr uns von vornherein deutlich gezeigt hat: Hier ist mehr als nur Alkoholsucht und Drogenabhängigkeit, hinter der er seine Homosexualität verbergen wollte. Das ist die Manier des Teufels: sich zu verstecken.

Sexualsünden haben ihren Anfang bekanntlich in der Gedankenbewegung. Wenn der Gedanke Fantasie wird, beginnt bereits die Gefahr. Wenn die Fantasie ihr Spiel beginnt, reicht die Kraft des Willens noch zum Beten aus. Und jedes Mal, wenn jemand sich im Gebet zu Jesus

Christus wendet, hilft er mit der Kraft seines Blutes – die Fantasie lässt sich willig in eine andere Richtung wenden. Wer aber mehr der Stimme der Leidenschaft lauscht und sich selber täuschen lässt, der landet dort, wo sich der verlorene Sohn wiederfand, als er den Betrug der Sünde merkte: bei den Schweinen!

O Wunder! Am nächsten Morgen sitzt Igor in der Kapelle unter den 35 Studenten, die – nichts ahnend – ihn auch in den weiteren Tagesablauf hineinnehmen.

Beim Mittagessen stelle ich Igor den Studenten und Lehrern unseres Seminars als unseren Gast vor, verschweige aber die Umstände, die Igor zu uns führten. Igor erhält Applaus.

Kurz vor dem Nachmittagsunterricht, der um zwei Uhr beginnt, steht der Vertrauensstudent aufgeregt vor mir: »Pastor Rötting, stellen Sie sich vor, wir suchen überall im Seminar nach Igor. Wir haben nach ihm gerufen, ins Gästezimmer geschaut. Dort liegt zwar ein dreckiges, verschlissenes Hemd, aber sonst nichts. Wir haben in jedem Zimmer des Seminars nachgesehen. Einige von uns sind die Hauptstraße entlanggegangen. Ohne Erfolg: Er ist fort. Ohne ein Wort zu sagen.«

Ich schlucke meine Enttäuschung herunter. Und – was ich immer tue, wenn mich ein Gegenschlag trifft – ich überlasse den Betreffenden der Liebe unseres Heilandes und segne ihn still in Jesu Namen. Das mache ich jetzt auch für den vermissten Igor. Der Herr weiß, wo er sich befindet und er weiß am besten, was Igor jetzt braucht.

Der Nachmittagsunterricht ist beendet. Mit den vier Lehrern trinke ich den obligatorischen Halb-vier-Uhr-Tee, der uns auffrischt. Da klopft es an der Tür meines Studierkämmerchens.

»Herein!«

Der Vertrauensstudent steht da: »Wir haben Igor entdeckt! Er ist nicht fortgegangen. Er sitzt in der Kapelle und rührt sich kein bisschen. Wir wollten ihn nicht stören. Vielleicht betet er.«

»Igor und beten? Da schaue ich selber nach«, meint Jury.

Die Lehrer haben ihren Tee getrunken und sind gegangen, als fünf Minuten später Doktor Jury und Igor im Türrahmen stehen.

Und nun findet ein offenes Gespräch statt, nicht vergleichbar mit dem schleppenden, schweren Gespräch am Vorabend.

»Als ich heute Morgen zwischen den Studenten in der Kapelle saß, ist mit mir etwas passiert, was ich zuvor noch nie erlebte. Ich saß zwischen 35 jungen Männern, die mit ihren frischen Liedern Gott priesen. Sie lasen in der Bibel. Einer von ihnen predigte. Er predigte wirklich. So was habe ich noch nie vernommen. Er betonte immerzu nur drei Worte. ›Gott liebt uns!‹ Wie ein Blitz schlugen seine Worte bei mir ein: ›So stark Gottes Liebe zu uns ist, so stark ist auch sein Vergeben. Weil Gott uns liebt, eint er seine Jünger zur Bruderschaft. Gottes Werk an uns ist: Er heiligt uns zum Dienst der Vergebung und Versöhnung – mitten in der Welt!‹

Diese Neuigkeit musste ich verkraften. Verdauen. Ich hörte eine Neuigkeit, die stark in mir brodelt. Ich wusste spontan: An dieser Predigt kommst du nicht vorbei, bis du schließlich dein Ja dazu sagst. Bis du sagst: Gott, da bin ich! Gott, nimm mich!

Niemand musste mich überzeugen. Mit niemandem wollte ich reden, bevor nicht die Entscheidung in meinem Drecksleben gefallen ist.«

»Und sie ist gefallen?«, frage ich zurück, um ganz sicher zu sein.

»Ja, Pastor Rötting, ich will mich retten lassen!«

An diesem Nachmittag sprechen Jury und ich ausführlich mit Igor. Über seine sündige Vergangenheit. Über die bisherige Sinnlosigkeit in seinem Leben. Über die Bindungen, die wie Fesseln nun von ihm abfallen müssen: Egozentrik, Lügengeister, Ehrsucht, Geldgier, Unglauben. Über seine Homosexualität, von der er loskommen soll. Über seine Drogensucht und das Rauchen überhaupt. Über das Freiwerden von der Alkoholbindung, die bisher beträchtlich war. Über das Freiwerden und Freisein für Gott, das zugleich auch ein Freisein für die Menschen bedeutet, die Gott in unser Leben stellt.

»Wir werden ein Lossagegebet mit dir sprechen: Das ist wie ein guter Vertrag mit Gott. Alle Mächte, Geister und Dämonen müssen daraufhin aus deinem Leben weichen. Und Gottes Heiliger Geist zieht in dein Leben ein. Dazu legen Doktor Jury und ich dir die Hände auf und sagen dir – in Jesu Namen! – den Heiligen Geist zu. Er wird dich fortan in alle Wahrheit leiten.«

»Ich bin nicht nur dazu bereit, sondern ich freue mich auf alles, was nun kommt.« Dankbar schüttelt er unsere Hände.

Doktor Jury und ich haben uns den nächsten Vormittag frei vom Unterricht gehalten. Igor sitzt auf genau dem Platz, auf dem er am vorgestrigen Abend saß, nachdem wir ihn im Waldgelände erwischt hatten. Was ist in den etwas mehr als vierzig Stunden alles passiert: Auf einen allemal in sich selbst verstrickten Mensch fällt der Lichtschein des Evangeliums. Es findet eine Schicksalswende statt, von der er nicht zu träumen wagte.

Daran erinnere ich Igor. Und erzähle ihm von einem Traum:

»Die ganze Welt ist voll von Bäumen, die dicht aneinanderstehen. Durch den Wald geht ein furchtbares Heulen, Rufen, Weinen und Schreien. Was ist los? An jedem Baum ist ein Mensch gefesselt. Und keiner von ihnen kann sich selber befreien. Alle sind gebunden. Das Tragische ist: Vor jedem gefesselten Menschen liegt ein Messer. Niemand kann es aufheben und sich damit befreien. Es muss aus einer anderen Welt jemand auf die Erde kommen, um das Werk der Befreiung in Gang zu bringen.

Das Schreien auf Erden verstummt. Denn mit Weihnachten ist zu Bethlehem jemand aus einer anderen Welt auf die Erde gekommen. Er kann Menschen befreien. Er ist der Retter: Jesus! Er nimmt das erstbeste Messer, schneidet die erste Person aus seinen Fesseln los und sagt dem Befreiten: ›Du bist nun frei. Mache es wie ich: Nimm das nächste Messer und befreie den Gebundenen neben dir. Aber vergiss nie, es ihm deutlich zu erklären: Drücke jedem Befreiten das Messer in die Hand, das lange vor seinen Füßen lag und das er nie erreichen konnte, um sich damit selbst zu befreien. Befreie ihn! Reiche ihm sein Messer, damit er den Nächsten befreit! Auch ihm soll er sein Messer in die Hand drücken und ihm sagen: Schneide die Fesseln des Nächsten durch. Tue das Werk der Befreiung. Und jeder soll nun mit hineingenommen werden in das Werk der Welterrettung und Befreiung! Die ganze Welt soll losgebunden werden und frei sein – durch Jesus, unseren Herrn!‹«

Soweit dieser Traum, in dem viel Wahres liegt.

Wir drei knien an der Couch nieder: Igor in der Mitte. Jury und ich sagen ihm Satz für Satz vor und Igor sagt sie uns nach: »In der Kraft des Namens Jesu und unter dem Schutz seines Blutes sage ich, Igor

Koval, mich los vom Teufel und allen seinen Helfershelfern.

Vom Sündenerbe meiner Eltern und meiner Vorfahren bis ins dritte und vierte Glied,

von allen unsauberen Geistern, von allen dämonischen Kräften.

Und sollte ein Fluch auf meinem Leben liegen, so sage ich mich los davon.

Ich sage mich los von allen spiritistischen Machenschaften Lebender und Toter,

von okkulten Betätigungen; von seelischen Bindungen an Menschen und Dinge,

von Selbstmord- und Trauergeistern, von Schwermuts- und Krankheitsgeistern,

von Scherzgeistern und vom Groll, von Süchten und Begierden,

von Quälgeistern aller Art, von Neid, von Streit, von Lüge

und von der Homosexualität, vom Lügen- und vom Heuchelgeist,

vom Aberglauben in jeder Form, von Zorn und Zweifel, vom Geist der Verwirrung,

von Ziel- und Ratlosigkeit, von aller Angst in jeder Form.

Vom Kleinglauben und Unglauben, von

Menschengefälligkeit,

vom Geltungstrieb und Ehrgeiz, vom Machtstreben und von Herrschsucht,

vom Mammongeist und von der Habgier – sage ich mich los in Jesu Namen.«

Doktor Jury und ich lassen Igor zwischen den Sätzen genügend Zeit zum Besinnen. Als uns nichts mehr einfällt, woran Igor gebunden ist, folgt das Hingabegebet, das er auch – Satz um Satz – nachspricht:

»Ich, Igor Koval, übergebe mein Leben dir, Herr Jesus Christus, mit Geist, Seele und Leib, mit allem, was ich bin und habe, für Zeit und Ewigkeit zum Leben und zum Dienst in deiner Königsherrschaft. Amen.«

Noch kniet Igor, während Jury und ich uns erheben und gemeinsam sprechen:

»Aufgrund des uns von Jesus Christus erteilten Auftrages, der uns bevollmächtigt hat, in seinem Jesus-Namen zu binden und zu lösen, sagen wir dir, Igor Koval, die Freiheit vom Teufel zu, von allen Bindungen, von allen Sünden, die du bekannt hast! In Zeit und Ewigkeit hat weder der Teufel noch ein Mensch das Recht, dir diese alten Dinge vorzuhalten. Jesus hat sie mit seinem Opferblut am Kreuz ein für alle Mal gesühnt. Alle deine Schuld und alle Sünden hat er ins Meer geworfen, wo es am tiefsten ist. Kein Mensch, keine Macht hat fortan das Recht, das Vergangene wieder hochzufischen.«

Dann legen Jury und ich dem Igor die Hände auf:

»Nimm hin den Heiligen Geist, der dich stärkt, kräftigt und tröstet! Er gibt dir die Kraft zum Dienst für den lebendigen Gott. Gepriesen sei Jesus, der Sohn des himmlischen Vaters, kraft des Heiligen Geistes. Amen.«

Spontan betet nun Igor: »Lieber Gott, ich danke dir, dass der Druck von mir genommen ist. Ich bin frei. Der Klotz ist weg. Amen.«

Doktor Jury erklärt dem glücklichen Igor: »Es ist wichtig, dass wir beide dir die Hände aufgelegt haben, um dir den Heiligen Geist zuzusagen. Der Herr Jesus erzählt seinen Jüngern, dass der Teufel gern mit siebenfacher Kraft in die leergefegten Räume einbricht und das bereits befreite Haus neu beschlagnahmt (Lukas 11,24–26).

Sei nun froh, dass der Herr Jesus alle finsteren Mächte und Kräfte festbindet an den Ort, wohin er sie verordnet hat. Der Herr Jesus erlaubt es dem Teufel nicht, dich wieder zu quälen.

Aber es kann Phasen geben, in denen du dich durch Alkoholentzug und Drogenentwöhnung miserabel fühlst. Dann ist es wichtig, dass du Brüder zur Seite hast, mit denen du die Krisen durchstehst. Darum empfehlen wir dir: Geh mit Doktor Jury nach Ostrog in die Westukraine. Du wirst in der Großfamilie wohnen, der Jury vorsteht. Dort leben schon acht junge Menschen in deinem Alter, die vor Jahren auch an Alkoholismus und Drogen hingen, aber frei wurden. Wir haben dort zwei Häuser und einen sehr großen Garten. Mache dich im gemeinsamen Leben mit den jungen Brüdern nützlich. Lebe mit ihnen in der Jesus-Gesinnung und bereite dich auf den späteren Dienst vor, junge Menschen aus ihren Nöten zu retten. Einverstanden?«

Igor willigt gern ein.

Die folgenden Monate waren für Igor eine totale Umstellung. Aber er schaffte sie mit Hilfe der Brüder in Ostrog, vor allem durch die seelsorgerliche Begleitung durch Doktor Jury.

Igor hat sich im Kreis der ehemaligen Drogenabhängigen Verdienste erworben und hat sich bewährt. In den Häusern in Ostrog trifft regelmäßig so mancher junge Mensch ein, der Hilfe sucht. Diese Häuser haben deutsche Freunde gespendet und finanzieren noch heute die Ausbildung ehemaliger Abhängiger.

Nach zwei Jahren hat Igor eine Lebensgefährtin gefunden, hat geheiratet und die beiden haben eine Tochter bekommen.

Igor übt einen kaufmännischen Beruf aus. Außerdem ist er heute in einer westukrainischen Stadtgemeinde als ordinierter Diakon tätig.

Aus einem scheinbar verpfuschten Leben kann der himmlische Vater – ein schönes, brauchbares Gefäß zu seiner Ehre machen!

Wir haben einen Gott, der Wunder tut – auch heute!

Es gibt keine Heiligen – ohne Vergangenheit; und es gibt keine Sünder – ohne Zukunft!

Zum Autor

Die **Studenten** in Albanien, im Kosovo und sonst wo sagen »Professor« zu mir.

Einverstanden.

In den **ukrainischen Gemeinden** sprechen die Gläubigen mich als »Pastor« an.

Nun – der bin ich ja auch.

In rumänischen und deutschen Brüder- und Gemeinschaftskreisen bin ich schlicht und einfach ihr »Bruder Gerhard«.

Das passt zu mir.

Meine Eltern nannten mich »onze Geerart«, unser Gerhard. Diese niederländisch-sprachige Liebkosung klingt immer noch in meinen Ohren.

Unvergesslich!

Für den **himmlischen Vater** bin ich der nach Hause gekommene »verlorene Sohn«. Er sagt es so: »Dieser mein **Sohn** war tot und ist wieder lebendig geworden; er war verloren und ist wiedergefunden worden!«

Gut, nicht wahr?

Das höre ich am liebsten und freue mich täglich darüber.

Von Gerhard Jan Rötting sind bei mediaKern erschienen:

Erzählbände (jeweils 112 Seiten)

Als Schmuggler Gottes unterwegs
Bestell-Nr. 512 2000

Als um Mitternacht eine fremde Gestalt erschien
Bestell-Nr. 512 2001

Als ein Schatz in der Hirtenhütte entdeckt wurde
Bestell-Nr. 512 2002

Als ein Engel das todkranke Mädchen besuchte
Bestell-Nr. 512 2004

Als drei Straßenkinder unter der Brücke gefunden wurden
Bestell-Nr. 512 2005

Als die Königin die Gefängnistür öffnen ließ
Bestell-Nr. 512 2006

Als zur ersten Weihnacht ein neuer Ofen die Hütte wärmte
Bestell-Nr. 512 2007

Bildbände (jeweils 48 Seiten)

Dich erfüllt ein bleibender Segen
Bestell-Nr. 512 3500

Dich behütet ein wachsamer Engel
Bestell-Nr. 512 3504